国际贸易基础理论研究

李艾伦◎著

吉林出版集团股份有限公司
全国百佳图书出版单位

图书在版编目（CIP）数据

国际贸易基础理论研究 / 李艾伦著. -- 长春：吉林出版集团股份有限公司，2023.12
ISBN 978-7-5731-4481-2

Ⅰ.①国… Ⅱ.①李… Ⅲ.①国际贸易理论－理论研究 Ⅳ.①F740

中国国家版本馆CIP数据核字(2023)第234099号

GUOJI MAOYI JICHU LILUN YANJIU

国际贸易基础理论研究

著　　者	李艾伦	
责任编辑	宫志伟	
装帧设计	李　亮	

出　　版	吉林出版集团股份有限公司	
发　　行	吉林出版集团社科图书有限公司	
地　　址	吉林省长春市南关区福祉大路5788号　邮编：130118	
印　　刷	长春新华印刷集团有限公司	
电　　话	0431-81629711（总编办）	
抖音号	吉林出版集团社科图书有限公司　37009026326	

开　　本	710 mm×1000 mm　1 / 16	
印　　张	7	
字　　数	100 千	
版　　次	2023 年 12 月第 1 版	
印　　次	2023 年 12 月第 1 次印刷	

书　　号	ISBN 978-7-5731-4481-2	
定　　价	48.00 元	

如有印装质量问题，请与市场营销中心联系调换。0431-81629729

前　言

国际贸易将世界不同国家、不同民族、不同文明联系在一起，促成了全球化。贸易全球化创造了前所未有的繁荣，也面临着前所未有的问题，贸易保护主义、关税壁垒、贸易制裁、经济脱钩等"逆全球化"现象不断出现；同时，"一带一路"、《区域全面经济伙伴关系协定》、非洲大陆自由贸易区（African Continental Free Trade Area，AfCFTA）等国际合作也在不断推进全球化。虽然全球化波澜曲折，但势不可挡。

本书从多个角度介绍了国际贸易相关知识，可以作为学习国际贸易的通识读本。本书共六章，第一章介绍国际贸易的起源和发展。第二章介绍中国对外贸易的起源和发展。第三章介绍国际贸易理论发展过程。第四章介绍国际贸易对国家利益的影响。第五章介绍国际贸易对环境的影响。第六章介绍国际贸易发展趋势。

本书编写过程中，参考了国内外大量著作、教材、论文以及相关组织的网站，并引用了部分数据、材料和观点，在此表达诚挚的谢意！由于国际经济贸易形势变化太快，以及作者的水平和精力有限，书中难免有不妥、疏漏之处，恳请大家批评指正。

李艾伦

2023年10月

目录 Contents

第一章　国际贸易的起源和发展

国家随着阶级的产生而产生，是社会发展到一定历史阶段的产物，每个国家都拥有独立主权、利益和政策。随着人类文明的发展，劳动分工不断深化，国内分工也逐步向国外延伸，形成国际分工。随着社会生产力的发展，一个国家有了可供交换的剩余产品，产生了互通有无的需要，在原始社会末期、奴隶社会初期就产生了国际贸易。对一个特定国家而言，国际贸易称为对外贸易。

基本的贸易理论认为，贸易通常源于竞争性需求与竞争性供给之间的相互作用。因为各国的需求和供给存在差别，所以各国国内商品价格存在差异，一些人利用原来分离的市场，将商品从价格较低的国家出口到价格相对较高的国家，贸易交往由此产生。又由于每个国家劳动力薪酬水平的差距、资本的逐利性，以及本国（或地区）人民对商品或服务更高的需要等，资本、劳动力和技术等要素在国家间不断流动，随着一轮一轮的产业转移，资本、技术等跨国界流动障碍小的流动性要素，追逐着土地等非流动性要素进行重组，推动国际贸易发展。

可以说，国家的产生、社会分工的扩大以及可供交换剩余产品的产生，为国际贸易的产生和发展打下了基础。虽然没有任何组织或个人可以掌控整个世界的经济，但世界贸易、联合国以及欧盟等组织通过贸易协定或区域协定等，巩固扩大国际贸易，促进世界经济发展。

国际贸易是人类社会发展到一定历史阶段的必然产物。

第一节 国际贸易的发展历程

从世界史的角度来看，国际贸易的历史几乎同人类的历史一样古老。早在公元前2000年，以地中海为中心的欧洲国家就广泛开展了国家之间的贸易活动，并形成一个联结欧洲、北非和中东地区的贸易网.因此，西方学者认为，国际贸易已有4000多年的历史。

一、国际贸易的初期阶段

原始社会末期出现了阶级和国家。随着商品交换超出国家界限，出现了最早的对外商品交换的萌芽。奴隶社会自然经济占主导地位，进入流通的商品数量很少，对外贸易局限在很小的范围内，商品结构单一有限，对外贸易发展比较缓慢，交易的商品主要是奢侈品、织物、香料等。进入封建社会，商品经济仍处于从属地位。

封建社会的国际贸易有了较快的发展。封建社会初期，用于交易的商品不多、规模不大。到了封建社会后期，随着生产力的提高，商品生产得到了进一步发展，推动商品经济进一步发展，特别是随着手工行业的发展，商业也一天比一天兴盛，国际贸易的品种、规模等与生产力和商品经济的发展逐渐适应，商品经济和对外贸易发展较快。东方的贸易范围不断扩大，中国、埃及、印度等国家的对外贸易发展比较突出；西方的贸易中心也发生了多次转移，国际上形成多个贸易中心。但由于封建社会自然经济占统治地位和交通条件的限制，国际贸易在当时的社会经济中不占主要地位，对外贸易是为封建地主阶级服务的，以奢侈品为主，西方国家以呢绒、酒等换取东方国家的丝绸、香料、珠宝等，同时，还有日用手工业品和食品等贸易，开始孕育着资本主义因素，进入资本主义社会,真正的国际贸易开始产生,并不断发展。

二、国际贸易体系的形成阶段

1492年，意大利航海家克里斯托弗·哥伦布（Christopher Columbus）由西班牙出发经大西洋发现了美洲大陆。1498年，葡萄牙人瓦斯科·达·伽马（Vasco da Gama）从欧洲绕过好望角到达印度。1519—1522年葡萄牙人斐迪南·麦哲伦（Ferdinand Magellan）完成了第一次环绕地球的航行。15—17世纪，欧洲的船队出现在世界各处的海洋上，寻找新贸易路线和贸易伙伴，被称为"地理大发现"，在国际贸易史上意义是重大的，推动了"大航海时代"全球化的世界经济的发展。世界贸易中心从地中海沿岸转移到大西洋沿岸。虽然葡萄牙和西班牙走在"地理大发现"的前面，短暂控制了当时的世界，然而这些财富没有转化成产业，只是用来铺张浪费，使两国实体产业极度萎缩，不久就被后来居上的荷兰、英国等国家所取代并超越。荷兰创造了世界上第一个真正意义上的企业——荷兰东印度公司。

1802 年，英国出现了世界上第一艘利用蒸汽机作为动力的轮船——夏洛蒂·邓达斯号。1825 年，世界上第一条铁路在英国的斯托克顿和达灵顿之间开通，如果说瓦特蒸汽机开启了第一次工业革命的大门，那么，亚当·斯密（Adam Smith）则通过《国富论》为工业革命后的全球贸易缔造了新的秩序，英国主导的全球化是自由贸易理论推动的成果。在英国推行自由贸易政策后，其他资本主义国家纷纷效仿，自由竞争时期的自由贸易政策开始形成，国际贸易从局部性、地区性逐渐转变为全球性。国际贸易的商品主要是一般消费品、工业原料和机器设备。英国在国际贸易中长期处于垄断地位。

经过第二次工业革命，垄断资本主义发展壮大，资本主义国家的对外贸易额不断上升；随着重建欧洲的"马歇尔计划"的实施，以及以国际货币基金组织、世界银行和世界贸易组织为支柱的国际经济、新秩序的建立，由美国主导的第二次全球化开始了。这一次全球化并没有建立相应的帝国，而是通过创办跨国公司和全球公司、推崇自由贸易实现，该时期美国取代英国在世界出口中跃居第一位。生产力的迅速提高，极大地提高了劳动效率，商品生产规模不断扩大，市场范围不断拓展，国际贸易迅速发展，国际贸易参与国越来越多，开始具有世界规模。两次工业革命后，资本主义世界体系最终确立，形成统一的无所不包的世界经济体系和世界市场。

三、国际贸易的快速发展阶段

第一次世界大战的冲击和 1929—1933 年世界经济危机极大地破坏了资本主义世界经济，世界贸易额断崖式下降且止步不前。第二次世界大战后，在世界范围内爆发了第三次科技革命，20 世纪 50 年代以后，原子能、电子计算机、微电子技术、分子生物学等新科技革命带来生产力的迅速发展，生产的社会化、国际化程度不断提高。20 世纪 60 年代初，主要西方国家都已完成本国的工业化进程，开始步入后工业化的发展阶段，工业国与工业国之间的分工居于主导地位，各国间工业部门内部分工日益深化，发达国家与发展中国家工业分工在发展。国际分工越来越明显，市场容量越来越大，各国经济能力的增长带动了产业升级，产业升级又促进世界产业结构发生了大规模的调整。

国际贸易空前活跃并带有许多新的特点，新兴的电子、信息、服务、软件、宇航、生物工程和原子能等产业极大地丰富了产品种类，新的产品不断涌现，为国际贸易深入发展提供了物质基础；由于技术的进步和生产能力的提高，贸易中的制成品已超过初级产品且占据主导地位；互联网极大缩短了地理距离，使交易方式灵活多样，同时互联网还使国家或企业不断有新的"地理发现"，推动了国际贸易进一步扩大和发展，为各国的银行、保险、商品零售等业务的发展带来了许多机遇，对服务贸易等技术密集型贸易产品、出国旅游和聘请专门人才等的需求大大增加。发展中国家经济的恢复发展和国际化、社会主义国家的对外经济开放以及国际政治经济格局的变化等，都极大地推动了国际贸易的发展。

四、国际贸易的高速增长阶段

世界贸易组织以"最大公约数"为目标，实施各国确认的规则和标准，为国际经济贸易发展打下了坚实基础。在世界贸易组织的规范下，消除了障碍，畅通了渠道，世界各国间的贸易量实现了飞速地增长。成功经验的推广以及国际贸易带来的极大利益，促进了国际贸易制度与体系不断完善，各国间的贸易更加自由，国际贸易组织的作用也越来越大，从而又推动了各国贸易的进一步发展。

进入21世纪，多边贸易体制面临的挑战、贸易自由化和保护主义的斗争以及国际贸易利益分配的两极化等因素，并没有阻挡国际贸易的高速增长。跨国公司依靠资本的力量，将规模优势转化为成本优势；依靠强大的研发能力，将技术优势转化为产品优势；依靠独特的管理方法和完善的市场制度，将管理优势转化为成本优势，从而取得竞争优势，并成为国际贸易分工的重要基础。贸易投资一体化发展加快，服务贸易和技术贸易蓬勃发展，国际贸易交易方式网络化，国际贸易结构高级化，动态利益取代静态利益，国际贸易步入新一轮高速增长期。同时，世界贸易组织接纳了一大批发展中国家融入多边贸易体系，基于规则的多边贸易体系已覆盖全球贸易的98%。全球贸易增长率总是高于全球经济增长率，也就是说，全球贸易带动全球经济增长，被公认为全球经济增长的引擎。

联合国贸易和发展会议（United Nations Conference on Trade and Development，UNCTAD）发布《全球贸易更新》报告分析认为，2022年全球贸易额达到约32万亿美元，当代国际贸易以发达国家之间的贸易为主，已经占据世界货物出口70%以上的份额和服务贸易90%以上的份额。广大发展中国家在国际贸易中所占份额不大，但与自身相比，在近年国际贸易增长中的影响力逐渐加大，对全球贸易增量的贡献也十分显著，成为国际贸易中不可轻视的力量。

全球出口贸易总额占世界 GDP 的比例从 2016 年的 32.4% 提高至 2022 年的 33.9%，比例增长率为 0.3%。国际贸易对世界经济和各国自身的经济发展都具有重要意义。

近几年，地缘冲突影响国际大宗商品市场，加剧了全球通胀压力，叠加主要经济体货币政策加快收紧，世界经济增速放缓；国际贸易复苏面临风险，贸易摩擦频发，发展前景的不确定性上升，原有国际经济关系框架面临调整；新技术创新和数字经济成为重要趋势，数据的增加和计算能力的提升正在迅速改变世界贸易。通过数字技术，企业不仅能更好地发现国外新市场，而且能更好地协调全球业务，参与国际分工和国际贸易，重塑全球产业链、供应链，推动本国经济和经济全球化的发展。国际贸易发展道路并不平坦，但总的发展趋势依然向前。

第二节　国际贸易的基础概念和种类

一、国际贸易的基础概念

（一）国际贸易与对外贸易

1. 国际贸易（International Trade），也称为世界贸易，是指不同国家（地区）之间的商品、服务和技术交换的活动。

2. 国际贸易从国际角度来说称为国际贸易，从国家的角度来说可称为对外贸易（Foreign Trade），又称国外贸易或进出口贸易，是指一个国家（地区）与另一个国家（地区）之间的商品、服务和技术的交换。这种贸易由进口和出口两个部分组成。

在统计贸易额时，有的统计进出口额，有的统计出口额或进口额。一个国家的贸易总额，一般是指进出口贸易总额，即进口额和出口额之和。联合国、世贸组织等国际机构在提到全球贸易数据时一般使用出口额。

（二）复出口与复进口

1. 复出口（Re-export），是指外国商品经过海关结关进入国内后，未经加工改制又向外国出口。复出口货物可区分为本国化商品再出口与从海关保税仓库和自由区复出口两部分。

2. 复进口（Re-import）又称再进口，是指本国商品输往国外，未经加工又输入国内。复进口多为偶然原因（如出口退货）产生。国货复进口是指在本国生产制造并已实际出口离境的原产于本国的货物，在未进行加工改变货物状态的情况下，出于某些原因重新中转复运入境。

（三）对外贸易额与对外贸易量

1. 对外贸易额（Value of Foreign Trade）又称对外贸易值，是以货币金额表示的一国（地区）一定时期内的进出口规模。一定时期内一国从国外进口的商品的全部价值称为进口贸易总额或进口总额；一定时期内一国向国外出口的商品的全部价值称为出口贸易总额或出口总额。两者相加为进出口贸易总额或进出口总额。

在全球范围内，对运进商品、服务和技术的国家（地区）来说，就是进口；对运出商品、服务和技术的国家（地区）来说，就是出口。一个国家（地区）的商品出口，即另外一个国家（地区）的商品进口。但出口商品金额与进口商品金额并不相等。一是大多数国家、地区出口的商品金额是按照"离岸价"计算，进口商品金额统计时却是按"到岸价"核算；"到岸价"包含了运费、保费等费用，所以进口额大于出口额。二是有的货物跨年度到达，或运输过程灭失，即使进出口按统一口径计算，也不尽相同。

2. 对外贸易量（Quantum of Foreign Trade），是以一定期的不变价格为标准来计算各个时期的对外贸易值，用进出口价格指数除进出口额，得出按不变价格计算的对外贸易值。其计算公式如下。

对外贸易量＝进出口额／进出口价格指数

进出口价格指数＝（报告期价格／基期价格）×100

（四）国际收支与贸易差额

1. 国际收支（Balance of Payments，BOP），是指一国在一定时期内对外国的全部交易所引起的收支总额的记录。一般有国际收支顺差、国际收支逆差和国际收支平衡三种情况。

2. 贸易差额（Balance of Trade，BOT），是指一国在一定时期内（如一年、半年、一季、一月）出口与进口总额之间的差额。当出口总额与进口总额相等时，称为贸易平衡；当出口总额大于进口总额时，出现贸易盈余，称为贸易顺差或出超；当进口总额大于出口总额时，出现贸易赤字，称为贸易逆差或入超。通常情况下，贸易顺差以正数表示，贸易逆差以负数表示。

（五）贸易条件与对外贸易依存度

1. 贸易条件（Terms of Trade，TOT），用来衡量一国在一定时期内出口商品价格与进口商品价格之间的比例关系。它表示出口一单位商品能够换回多少单位的进口商品。价格贸易条件（净贸易条件）、收入贸易条件和要素贸易条件三种形式为常用形式。

2. 对外贸易依存度（Ratio of Dependence on Foreign Trade）又称对外贸易系数，是指一国的进出口总额占该国国民生产总值（Gross National Product，GNP）或国内生产总值（Gross Domestic Product，GDP）的比重。对外贸易依存度反映一国对国际市场的依赖程度，是衡量一国对外开放程度的重要指标。其公式如下。

对外贸易依存度＝（出口总值＋进口总值）／GDP×100%

（六）国际贸易商品结构与地理方向

1. 国际贸易商品结构（Composition of International Trade），是指一定时期内各类商品或某种商品在世界出口贸易额中所占的比重。从整个国际贸易的商品结构可以看出世界经济的发展水平、产业结构状况和科技发展水平以及国际贸易商品结构的高级化与产业结构调整。

2. 国际贸易地理方向（Direction of International Trade）又称国际贸易地

区分布，是反映国际贸易地区分布和商品流向的指标，是指各个国家（地区）在国际贸易中所处的地位，通常以它们的出口额（进口额）占世界出口额（进口额）的比重来表示。

一国（地区）进出口额的国别和地区分布，即该国（地区）的出口商品流向和进口商品来自哪些国家（地区），称为对外贸易地理方向（Direction of Foreign Trade）。

（七）进口替代与出口导向战略

1. 进口替代战略（Import Substitution Strategy）是指一个国家以本国生产的工业品来替代原先依靠进口的工业品。其立足点放在国内生产和消费上，目的是节省外汇、建立本国工业体系。

2. 出口导向战略（Export Leading Strategy）又称出口替代工业化政策，是外向型经济发展战略的产物，是指一国采取各种措施扩大出口，发展出口工业，逐步用轻工业产品出口替代初级产品出口，用重化工业产品出口替代轻工业产品出口，以带动经济发展，实现工业化的政策。

二、国际贸易的种类

根据不同的维度，国际贸易可以分为多种类型。

（一）按商品移动的方向划分

1. 进口贸易（Import Trade）：将外国的商品或服务输入本国市场销售。

2. 出口贸易（Export Trade）：将本国的商品或服务输出到外国市场销售。

3. 过境贸易（Transit Trade）：甲国的商品经过丙国境内运至乙国市场销售，对丙国而言就是过境贸易。

（二）按商品的形态划分

1. 有形贸易（Visible Trade）：机器等有实物形态商品的进出口。

2. 无形贸易（Invisible Trade）：专利使用权的转让等没有实物形态的技

术和服务的进出口。

（三）按生产国和消费国在贸易中的关系划分

1. 直接贸易（Direct Trade）：商品生产国与商品消费国不通过第三国进行买卖商品的行为，贸易的出口国方面称为直接出口，进口国方面称为直接进口。

2. 间接贸易（Indirect Trade）和转口贸易（Transit Trade）：商品生产国与商品消费国通过第三国进行买卖商品的行为，间接贸易中的生产国称为间接出口国，消费国称为间接进口国，第三国是转口贸易国，第三国从事的就是转口贸易。比如，A国有商机，但是风险很大，B国一些企业在向A国出口商品时，大多是先把商品交给A国周边国家，再由A国的周边国家转口到A国。

（四）按结算方式划分

1. 现汇贸易：如果国际贸易中采用可自由兑换货币来结算的话，就称为现汇贸易。现在国际贸易中主要采用这种结算方法。

2. 易货贸易：政府间的易货贸易需要签订贸易协定和支付协定，故又称为协定贸易。补偿贸易则是民间的易货贸易。实践中也有把现汇贸易和易货贸易结合起来使用的情况。

（五）按统计边界不同可分为总贸易和专门贸易

在对外贸易统计时，若以国境为界，凡进入国境的商品算作进口，离开国境的商品算作出口，则一定时期内的进出口额之和便为该国的总贸易（General Trade）。若以关境为界，凡运入关境的商品算作进口，运出关境的商品算作出口，则一定时期内的进出口额和便为该国的专门贸易（Special Trade）。有的国家采用总贸易概念统计对外贸易，有的国家采用专门贸易概念统计对外贸易。

（六）按贸易方式可分为包销、代理、寄售、招标、拍卖、商品交易所交易、加工贸易、对等贸易、租赁贸易等

1. 包销：出口企业为了在别国推销自己的产品，不一定通过自己办销售店的办法，可以和国外的某家企业达成包销或独家经销（Exclusive Sale）协议，把某一种或某一类商品在某一地区的独家经营权利在一定期限内给予对方，即包销商。至于具体的买卖合同需要另行签订，但要受包销协议条款的约束。

2. 代理：出口企业也可以通过和国外企业达成代理协议，委托代理商在市场上招揽生意，或从事其他委托的事务。委托商对由此产生的权利与义务负责，代理商只收取约定的佣金。根据代理商职权范围大小，可分为独家代理和一般代理。独家代理（Sole Agency）是指代理商在约定的地区和时期内拥有独家经营权，即委托商不得将该商品直接或间接地销售给代理区内的其他买主。而一般代理（Agency）不享有这种独家经营权。

3. 寄售（Consignment）是指出口企业和国外的代销商订立寄售协议，把货物运交代销商，代销商出售货物后，扣除协议规定的销售费及佣金后把钱交付给寄售商。

4. 招标（Invitationto Tender）是指招标单位需要采购商品或兴办某工程时，说明有关条件，邀请有兴趣的企业在指定期限内按照一定程序报价，即投标。然后由招标人开标与评标，选择最满意的投标人进行交易。这种方式在国际贸易中经常采用。

5. 拍卖（Auction）是拍卖行接受货主的委托，按照一定的规则和程序在拍卖场以公开叫价的方法，把货物卖给出价最高的买主的一种交易方式。不易标准化鲜活产品或艺术品、古董等的国际贸易是通过拍卖来完成的。

6. 商品交易所（Commodity Exchange）是指按一定规章程序买卖特定商品的有组织的市场。只有正式会员可以进入商品交易所交易，其他人或企业通过正式会员或经纪人交易。商品交易所经营的商品，一般是标准化的原材料，且按照标准化的合同交易。商品交易所里有现货交易和期货交易，以期货交易为主。许多农产品、有色金属原料等，主要在商品交易所里交易。

7. 加工贸易（Processing Trade）分来料加工和进料加工。来料加工是指国内生产企业接受外商提供的原材料或零部件，按照外商的要求进行加工装配成产品，并把生产的产品交给外商，以收取加工费。进料加工则是国内企业自主从国际市场上进口原材料或零配件，自行加工成产品，并自营出口、自负盈亏。

8. 对等贸易（Counter Trade）是指贸易双方用某种协议使进出口平衡的一种贸易方式。个体有多种形式，如易货贸易、互购（Counter Purchase）、补偿贸易（Compensation Trade）等。易货贸易双方是交易值相等，通常不涉及现汇支付。互购则通常使用现汇结算，并不要求互购价值相等。补偿贸易通常是由设备出口方先提供设备给进口方，然后由进口方用该设备生产的产品或其他产品交付给设备出口方，补偿设备的价款。

9. 租赁贸易（Lease Trade）是指设备拥有者与承租人订立租约，把设备交付给承租人使用一段时间，同时收取一定的租金的交易方式。租赁贸易可分融资租赁和经营租赁。融资租赁租期较长，通常租期结束，全部租金付清后，设备所有权就转移给承租人，这相当于承租人分期付款买到了设备；经营租赁期较短，设备拥有者须通过多次出租，才能收回设备投资及其他费用。

第三节　国际贸易术语

贸易术语（Trade Terms）又称"价格术语"或"价格条件"，它是以简明的外贸语言缩写的字母、国际代号来概括说明买卖双方在交易中交货的地点，货物交接的责任、费用以及风险的划分和表明价格构成等诸方面的特殊用语。贸易术语不仅用来表示买卖双方各自承担的责任、费用和风险的划分，而且用来表示商品的价格构成。一般来说，卖方承担的责任多，支付的费用多，负担的风险大，则商品出售的价格就高；反之，则出售的价就低。

由国际商会发布并修订的《2010年国际贸易术语解释通则》将11种贸易术语分以下为以下两大类。

一、适用于任何运输方式或多种运输方式的术语

（一）工厂交货（EX Works，EXW）

工厂交货，是指卖方在其所在地或其他指定地点（如工厂、车间或仓库等）将货物交由买方处置时，即完成交货，卖方不需将货物装上任何前来接收货物的运输工具。需要清关时，卖方也无须办理出口清关手续。EXW术语是卖方承担责任最小的术语。

（二）货交承运人（Free Carrier，FCA）

货交承运人，是指卖方在卖方所在地或其他指定地点将货物交给买方指定的承运人或其他人。由于风险在交货地点转移至买方，双方尽可能清楚地写明指定交货地内的交付点。

（三）运费付至（Carriage Paid To，CPT）

运费付至，是指卖方将货物在双方约定地点（如果双方已经约定了地点）交给卖方指定的承运人或其他人。卖方必须签订运输合同并支付将货物运至指定目的地所需费用。

（四）运费保险费付至（指定目的地）[（Carriage and Insurance Paid to（Named Place of Destination），CIP]

运费和保险费付至，是指卖方将货物在双方约定地点（如果双方已经约定了地点）交给卖方指定的承运人或其他人。卖方必须签订运输合同，为买方在运输途中货物的灭失或损坏风险签订保险合同并支付将货物运至指定目的地所需费用。

（五）运输终端交货（Delivered at Terminal，DAT）

运输终端交货，是指当卖方在指定港口或目的地的指定运输终端将货物从抵达的载货运输工具上卸下，交由买方处置时，即为交货。"运输终端"意味着任何地点，而不论该地点是否有遮盖，例如码头、仓库、集装箱堆积场或公路、铁路、空运货站，卖方承担将货物送至指定港口或目的地的运输终端并将其卸下的一切风险。

（六）目的地交货（Delivered at Place，DAP）

目的地交货，是指当卖方在指定目的地将仍处于抵达的运输工具上且已做好卸载准备的货物交由买方处置时，即为交货。卖方承担将货物运送到指定地点的一切风险。

（七）完税后交货（Delivered Duty Paid，DDP）

完税后交货，是指当卖方在指定目的地将仍处于抵达的运输工具上，但已完成进口清关且已做好卸载准备的货物交由买方处置时，即为交货。卖方承担将货物运至目的地的一切风险和费用，并且有义务完成货物出口和进口清关，支付所有出口和进口的关税和办理所有海关手续。DDP代表卖方的最大责任。

二、适用于海运和内河水运的术语

（一）装运港船边交货（Free Alongside Ship，FAS）

装运港船边交货，是指当卖方在指定的装运港将货物交到买方指定的船边（例如，置于码头或驳船上）时，即为交货。货物灭失或损坏的风险在货物交到船边时发生转移，同时买方承担自那时起的一切费用。

（二）装运港船上交货（Free on Board，FOB）

装运港船上交货，是指卖方已在指定装运港将货物装上买方指定的船舶或通过取得已交付至船上货物的方式交货。货物灭失或损坏的风险在货物交到船上时转移，同时买方承担自那时起的一切费用。

（三）成本加运费（Cost and Freight，CFR）

成本加运费，是指卖方在船上交货或以取得已经这样交付的货物方式交货。货物灭失或损坏的风险在货物交到船上时转移。卖方必须签订合同，并支付必要的成本和运费，将货物运至指定的目的港。

（四）成本保险费加运费（Cost Insurance and Freight，CIF）

成本保险费加运费，是指卖方在船上交货或以取得已经这样交付的货物方式交货。货物灭失或损坏的风险在货物交到船上时转移。卖方必须签订合同，并支付必要的成本和运费，以将货物运至指定的目的港。

第二章　中国对外贸易的起源和发展

中国是世界文明古国，社会生产力发展较快，早在3000多年前，就与中亚、西亚和南亚有交通往来。殷商时期，中国已有具体的贸易活动记录，春秋战国时已有较规范的贸易体制。

第一节　新中国成立前对外贸易的发展

秦朝时期，随着国家的统一和经济文化的发展，对外贸易有了明显的发展。秦朝大力发展对外交往，派遣使臣出使周边诸国和北疆、南方地区，赵、韩、魏等六国的"列国令"比较著名，秦国通过给六国派遣高官监督，保证了其他各国的稳定，也为秦朝的统治和发展争取了政治上的支持和地缘上的便利。秦朝积极发展对外贸易，与西域、朝鲜半岛和印度等国家进行了频繁的贸易往来，交换了大量的物资和文化，开拓了更多的商业渠道和文化传承，促进了国内的经济繁荣和文化交流。

汉朝时期，规定进行国际贸易应得到官府许可，此时对外贸易已十分活跃，以陆道为主，兼行海市，对外贸易通道四通八达，罗马、阿拉伯帝国、朝鲜、日本、印度等国家通过陆上丝绸之路和海上丝绸之路与中国进行了广泛的通商。汉朝时出口的商品主要是丝织品、皮毛、铁器及其他金属制品，进口的商品主要是香料、药材、玻璃、各种织物和宝石等。两汉时，中国国际贸易业务是当时世界上走得最远的。张骞、班固通商西域，不仅促进了中国同西方诸国的政治、文化交流，而且在经济和贸易往来方面起了巨大的推动作用。可以说张骞、班固通商西域是一次大规模的对外经贸活动。汉朝的对外贸易活动扩大了中国和中国产品的影响力。

唐朝时，中国成为当时世界上最强盛的国家之一，颁布过禁止重税、保护外商的命令，减少了对外贸易的关卡限制；吸引了周边各国前来进行贸易，且《通典》允许买卖作为永业，并鼓励建造商店。商业出现了新的繁荣，商品品种日益增多，商品交换更加频繁。始设"市舶使"，这是中国最早的专门管理对外贸易的专门机构。丝绸之路在陆地上往来频繁，海上贸易也活跃起来，唐朝与罗马、印度、波斯等各国都有经济往来，这促进了唐代的对外贸易的进一步发展。从海上来的外商多集中于广州、泉州、明州等多个港口。中国的丝绸、漆器、瓷器、茶叶等货物送往西方各国。国外的玻璃、香料、胡椒、药物等物品也进入中国；一些音乐、舞蹈、宗教等文化也传入中国。唐朝与世界各国的经济贸易不仅让中国的物质文明和精神文明得到了传播，还极大丰富了中国人民的物质生活与精神文化生活。

宋朝时，发达的农业、手工业带动了商业发展，商业更趋活跃，为对外贸易提供了坚定的物质基础；海船的质量已处于当时世界领先水平，出海商船的数量之多、吨位之大，为世界之最；诞生了中国第一部，也是世界第一部对外贸易法规《市舶法》。《市舶法》明确规定，出海商舶须申领公凭，上报引目。此时的中国对外经济繁荣，达到了鼎盛时期，呈现出"万国通商"景象。与今天的东南亚、南亚、西亚，以及东北亚的朝鲜和日本等50多个国家有贸易往来，进口货物达200多种。从海外引进的水稻、绿豆等优良品种，对中国农业的发展起到积极作用。对外输出丝织品、瓷器等手工业品，拉动海外各国的消费，推动当地有关生产技术的发展。

元朝，建立了横跨欧亚两大洲的大帝国，店铺林立，交易频繁，通往西方的陆路和海上交通都比较畅通，对促进国际贸易起到了积极作用。元朝制定并颁布了《市舶抽分则例》，详细规定了船舶出海手续、禁运物资的项目、市舶抽税的办法以及对外国商船的管理办法，使对外贸易的管理比宋代得更加有条理。元朝对外贸易的范围十分广阔，与东南亚、南亚、西亚、东非有贸易关系的国家和地区多达98个，贸易对象涉及的国家比宋代的50多个要多出很多。出口的商品以丝绸、瓷器为主；进口的商品有珍珠、象牙等，还有原材料和日用品等，此时对外贸易已占有重要地位。

明朝初期实行海外贸易双轨制，"非入贡即不允许其互市"。《禁海令》无法从根本上解决明朝面临的经济问题，后期放宽了对外贸易限制，推出了一系列鼓励对外贸易的政策，主要有朝贡贸易、私人海上贸易和边疆贸易等形式。1405—1433年，郑和七次下西洋，出访今天的越南、伊朗、非洲等30多个亚洲和非洲国家或地区。郑和下西洋是中国航运史上的一个伟大创举，开辟了亚非国家海上交通的新航道，中国带去金、银、瓷器、丝绸及其他重要手工业品，换回了珍禽犀角、象牙、明珠等，促进了中国和亚非各国人民的友好往来和贸易关系的发展。

清朝初期实行严厉的禁海政策，对清初经济造成了严重的消极影响；后期，停止沿海省份海禁，全面开海；在对外贸易中，海关制度取代了历代相沿的市舶提举司制度。清政府制定的《防范外夷规条》是第一个管制西方在华商人的章程，同时，中国出海贸易的商船也受到诸多限制，对外贸易的种种限制以及对外商的防范，并不能从根本上抵挡殖民势力的侵略，反而限制了中国对外贸易和航海事业的发展。经过严禁与弛禁的数次争论，中国政府最终还是选择开洋贸易，中日、中俄、中英贸易不断发展，中国与欧洲、北美的贸易持续快速发展。19世纪以来，英国、美国等大国对华开放洋口，中国贸易运输量大幅增加，贸易结构发生了显著变化，货物贸易量、服务贸易量不断增多。

从1840年鸦片战争至1949年新中国成立这段时期，清政府、北洋政府和国民党政府先后与西方列强签订了许多不平等条约，除了割地赔款，还给予协定关税、海关管理、内河航运、兴建铁路、设立银行、开设矿厂等经济控制特权，中国的对外贸易丧失了独立自立的地位，被帝国主义和官僚买办资产阶级控制和垄断。英、美两国相继窃取了税务司的职位，洋行、进出口贸易公司迅速扩张，从而控制了中国的对外贸易等，中国对外贸易成为半殖民地半封建性质的对外贸易。

这段时期的贸易对象主要集中在英国、日本、德国、美国、法国和俄国等少数西方国家。进出口商品结构不平等，出口的主要是丝、大豆、钨等工业原料和农副产品，进口的主要是棉织布、汽油、化妆品等消费品和奢侈品。对外贸易长期逆差和不等价交换，使大量金银外流，财政陷入困境，清政府不得不举借外债，进而出卖国家主权；帝国主义还利用进出口的剪刀差，对中国人民进行残酷的剥削和掠夺。

在新中国成立以前，中国对外贸易活动虽然因朝代变化跌宕起伏、各具特点，但从未中断国际经贸活动和文化交流。总的趋势是不断发展、不断扩大。

第二节　新中国成立以来对外贸易的发展

新中国成立以来，中国人民摆脱了一个世纪以来帝国主义列强的侵略、剥削和奴役，中国社会摆脱了半殖民地半封建的状况，一方面积极进行国内经济建设，一方面遵循独立自立、完全平等、互惠互利的原则，积极开展与世界各国的经贸关系，中国对外贸易史翻开了新的一页。特别在20世纪70年代末，采取对外开放政策后，中国进出口数量扩张，进出口结构改善，增量提质良性互动，逐步成为一个贸易新兴国家，1978年中国货物进出口额206亿美元，占全球贸易份额不到1%。改革开放让中国对外贸易进入新纪元，2001年加入（World Trade Organization，WTO）更是助推中国对外贸易蓬勃发展，2013年，中国货物贸易总额突破4万亿美元，已占全球贸易总量的10%以上。2018年，中国贸易总额占全球贸易总额的11.75%，中国成为全球第一贸易大国。自1949年以来，中国对外贸易大体经历了四个阶段。

第一阶段（1949—1978年）贸易保护期。其中，1949—1952年，中国

"实行对外贸易的管制，并采取保护贸易"的规定，确定了社会主义独立自主、集中统一的对外贸易方针，结束了旧中国不平等、受剥削的对外贸易历史；在坚持平等互利原则基础上按照"互通有无，调剂余缺"的原则与一切国家开展贸易。1953—1965年，由于中国经济、政治和外交关系的变化，中国对外贸易额、主要贸易伙伴和贸易结构也相应地发生了变动。进出口业务全部由国营外贸专业公司垄断经营，建立起了高度集中、政企合一的外贸体制；进出口严格按照国家计划进行，出口实行收购制，进口实行拨交制，盈亏由国家统负。对外贸易主要是一般贸易和加工贸易。1966—1976年，中国对外贸易虽然没有明显的滑坡趋势，但与世界其他国家相比陷入了低潮期，1966年进口额和出口额分列世界第20位和第16位，1976年分别下降到第33位和第35位。1977—1978年，是中国对外开放的酝酿与起步阶段，中国以前所未有的姿态开展了国际经济交往活动，中国的对外贸易活动也进入了一个新的发展阶段。

这一时期，进口主要用于满足工业化生产和升级，而出口主要用于换取外汇，对外开放度较低，进出口贸易在国家的集中安排下按计划的要求进行。对外贸易主要是基于社会主义阵营以及外交和政治关系来发展对外贸易和对外援助，中国对外贸易有了一定发展。1950年，中国进出口总额只有11.3亿美元，规模非常小，1978年，中国货物进出口总额为206亿美元。

第二阶段（1979—2001年）贸易管制开放期。中国从指令性计划经济，发展到以计划经济为主、市场调节为辅，后又逐步建立起社会主义市场经济体系，并逐步完善，对外贸易的发展也从沿海逐步向内地推进，"在自力更生的基础上积极发展同世界各国平等互利的经济合作，努力采用世界先进技术和先进设备"。贸易政策进行了深刻改革，贸易自由化、多元化及物流综合服务体系不断发展和完善，利用两种资源、打开两个市场、学会两套本领，形成全方位开放格局。其中，1979—1984年中国对外贸易管理体制进行了初步改革。1980年，中国决定在深圳、珠海、汕头、厦门设置经济特区；1984年，中国陆续开放14座沿海港口城市，扩大了地方贸易自主权，大力发展劳动密集型加工贸易，工业制成品的出口比重首次超过初级产品的，实现了出口产品结构里程碑式的跨越。1985—1989年，外贸企业处于经营责任制改革阶段：1985年，开放长三角、珠三角、闽南厦漳泉三角地区和辽东半岛、胶东半岛；1988年，海南经济特区成立，外贸经营主体尚未确立真正的市场主体地位，外商投资企业的出口导向特征初具雏形。

1990—1991年，中国对外开放的范围逐步扩大。1990年，上海浦东新区成立并开放；1991年，开放丹东、珲春、满洲里、绥芬河4个北部口岸，中国对外贸易方式发生了重大变化，加工贸易成为主要的贸易方式，租赁、补偿贸易等贸易方式也有了一定程度的发展。1992—2001年，中国进一步深化改革开放政策，开放重庆、岳阳、武汉、九江、芜湖5个沿江城市，同时开放哈尔滨、长春、呼和浩特、石家庄4个边境、沿海地区省会城市及太原、合肥、西安等11个内陆省会城市。随后，一大批内陆县市陆续开放，中国全方位对外开放格局至此初步形成，给予国内外投资者以巨大的信心，对外经贸领域出现了一次规模较大的投资和贸易热潮，中国对外贸易稳定增长。1994年，《中华人民共和国对外贸易法》等法规陆续颁布和实施，中国转向对外开放型的贸易，中国出口商品结构除了初级产品与工业制成品比重发生变化外，工业制成品内部结构也发生了变化，轻纺产品等劳动密集型产品所占比重逐年下降，化工产品等资本技术型产品所占比重逐年上升。

2001年，中国进出口总额达到4.22万亿元人民币（占世界贸易的4%，在全球居第6位），较1978年增加24倍，年均增长15%，远超世界贸易7%的年均增长率，对外贸易出现了较快的持续增长（见表2–1）。

表 2-1　1979—2001 年度进出口商品总值表（人民币值）

单位：亿元人民币

年度	进出口总值	出口总值	进口总值	贸易差额	比去年同期 ±%		
					进出口	出口	进口
1979	455	212	243	−31	−	−	−
1980	570	271	299	−28	25.3	27.8	23.0
1981	735	368	368	0	28.9	35.8	23.1
1982	771	414	358	56	4.9	12.5	−2.7
1983	860	438	422	17	11.5	5.8	17.9
1984	1,201	581	620	−40	39.7	32.6	46.9
1985	2,067	809	1,258	−449	72.1	39.2	102.9
1986	2,580	1,082	1,498	−416	24.8	33.7	19.1
1987	3,084	1,470	1,614	−144	19.5	35.9	7.7
1988	3,822	1,767	2,055	−288	23.9	20.2	27.3
1989	4,156	1,956	2,200	−244	8.7	10.7	7.1
1990	5,560	2,986	2,574	412	33.8	52.7	17.0
1991	7,226	3,827	3,399	428	30.0	28.2	32.1
1992	9,120	4,676	4,443	233	26.2	22.2	30.7
1993	11,271	5,285	5,986	−701	23.6	13.0	34.7
1994	20,382	10,422	9,960	462	80.8	97.2	66.4
1995	23,500	12,452	11,048	1,404	15.3	19.5	10.9
1996	24,134	12,576	11,557	1,019	2.7	1.0	4.6
1997	26,967	15,161	11,807	3,354	11.7	20.6	2.2
1998	26,850	15,224	11,626	3,597	−0.4	0.4	−1.5
1999	29,896	16,160	13,736	2,423	11.3	6.1	18.1
2000	39,273	20,634	18,639	1,996	31.4	27.7	35.7
2001	42,184	22,024	20,159	1,865	7.4	6.7	8.2

　　数据来源：1979—1980年度来自国家统计局网；1981—2001年度来自中华人民共和国海关总署官网

第三阶段（2002—2012年）贸易大国的形成期。2001年12月11日，中国正式成为WTO的成员，这在中国改革开放历史上具有里程碑意义。

加入WTO以来，中国进一步加深和扩大参与国际分工的深度和广度，在全球范围内进行要素整合与资源配置，外向型经济得到了快速发展。优先对外开放的沿海城市产业规模进一步扩大，产业集群之间的技术交流与合作企业的技术创新，有力推动了经济的快速发展。同时，沿海城市对内陆城市的辐射带动作用有利于中国市场发挥规模优势，根据保罗·克鲁格曼（Paul R.Krugman）的观点，日益增大的国内市场促进很多制造业部门特别是机电产业等形成规模经济，形成新的比较优势，促进对外贸易的发展；规模经济也进一步促进了中国出口贸易结构的不断升级，高新技术产品出口额占工业制成品出口额比例一直处于上升趋势。

中国对外贸易体制在更加开放、稳定、透明和符合市场经济规则的进程中不断完善，经济呈现出极高的外向化特色，进出口贸易迅猛发展。中国对外贸易总额以19.1%的年均增速（世界贸易同期年均增速为9.6%）增至2013年的25.82万亿人民币，在全球贸易中的份额扩大至11%，成为全球第一大货物贸易国，贸易规模实现"跨越式发展"（见表2-2）。

表2-2 2002—2012年度进出口商品总值表（人民币值）

单位：亿元人民币

年度	进出口总值	出口总值	进口总值	贸易差额	比去年同期 ±%		
					进出口	出口	进口
2002	51,378	26,948	24,430	2,518	21.8	22.4	21.2
2003	70,483	36,288	34,196	2,092	37.2	34.7	40.0
2004	95,539	49,103	46,436	2,668	35.5	35.3	35.8
2005	116,922	62,648	54,274	8,374	22.4	27.6	16.9
2006	140,975	77,598	63,377	14,221	20.6	23.9	16.8
2007	166,924	93,627	73,297	20,330	18.4	20.7	15.7

年度	进出口总值	出口总值	进口总值	贸易差额	比去年同期 ±%		
					进出口	出口	进口
2008	179,921	100,395	79,527	20,868	7.8	7.2	8.5
2009	150,648	82,030	68,618	13,411	−16.3	−18.3	−13.7
2010	201,722	107,023	94,700	12,323	33.9	30.5	38.0
2011	236,402	123,241	113,161	10,079	17.2	15.2	19.5
2012	244,160	129,359	114,801	14,558	3.3	5.0	1.4

数据来源：中华人民共和国海关总署官网

第四阶段（2013年以来）贸易强国成长期。这一阶段，中国通过实施产业结构调整战略，劳动密集型行业减少，资本密集型行业比重提升；制造业升级，服务业比重持续上升；加工贸易比重下降，一般贸易比重提升。通过实施以质取胜战略，提升企业的生产效率和产品质量水平。通过实施自由贸易区战略，同26个国家和地区签署了19个自贸协定，全面推动实施《区域全面经济伙伴关系协定》，加强与发达国家的贸易往来，深度参与全球高端产业链供应链分工，促进经济快速发展。实施自由贸易园区战略，设立21个自由贸易试验区。在投资贸易领域对标国际标准，构建与国际规则相衔接的制度创新体系；提高货物贸易开放水平和贸易规模，扩大服务贸易对外开放，优化贸易结构；加快投资服务改革，优化投资准入和审批流程，提升贸易便利化，通过实施对外直接投资战略，推出了"一带一路"倡议、亚投行、金砖国家新开发银行、丝路基金等一系列国际公共产品，这些产品均为现有国际秩序之外的创制，使中国有机会成为国际机制的创立者。中国曾经是全球化的受益者和参与者，如今已成为全球化的主要塑造者和创造者。

2011年3月19日，中欧班列首次开通，从重庆团结村始发，开行16天，顺利抵达德国的杜伊斯堡，开启了"一带一路"新征程；满载商品的中欧班列驰骋于中国大地，往返于亚欧大陆，正是"一带一路"建设成果的写照。

中国依托"一带一路"，积极开展贸易出口、国外投资、产业投资等大量贸易活动，与更多有意愿的共建国家商签自贸协定，加快建设覆盖"一带一路"的自贸区网络，有效整合、极致发挥各种平台、渠道的作用，推进国际陆海贸易新通道建设合作，进一步扩大同共建国家贸易规模。国家发展改革委的数据显示，截至2022年7月底，中国已与"一带一路"沿线149个国家、32个国际组织签署200多份合作文件，"一带一路"经贸合作走深走实，在全球经济社会中发挥越来越重要的作用。2018年，中国成为全球第一贸易大国。2022年，中国再创新高（见表2-3）。

表2-3　2013—2022年度进出口商品总值表（人民币值）

单位：亿元人民币

年度	进出口总值	出口总值	进口总值	贸易差额	比去年同期 ±%		
					进出口	出口	进口
2013	258,169	137,131	121,037	16,094	5.7	6.0	5.4
2014	264,242	143,884	120,358	23,526	2.3	4.9	−0.6
2015	245,503	141,167	104,336	36,831	−7.0	−1.9	−13.2
2016	243,386	138,419	104,967	33,452	−0.9	−1.9	0.6
2017	278,099	153,309	124,790	28,520	14.3	10.8	18.9
2018	305,010	164,129	140,881	23,247	9.7	7.1	12.9
2019	315,627	172,374	143,254	29,120	3.5	5.0	1.7
2020	322,215	179,279	142,936	36,342	2.1	4.0	−0.2
2021	390,516	216,908	173,608	43,300	21.2	21.0	21.5
2022	420,678	239,654	181,024	58,630	7.7	10.5	4.3

数据来源：中华人民共和国海关总署官网

第三节　中国对外贸易概况

一、规模实现突破

中国工业体系完善，工业产品超过220种，位居世界第一位。中国拥有世界最大的制造业，为中国对外贸易发展提供了有力的支持。中国市场经济弹性较大，发展潜力较大，近几年，虽然受到了地缘政治、贸易保护主义等因素的影响，全球国际贸易总体收缩下降，但中国对外贸易发展依然保持增长态势，进一步提升了中国在国际贸易市场中的地位。

2021年12月8日，中国加入世界贸易组织20周年高端论坛暨第20届WTO与中国学术年会在京举行。国务院发展研究中心对外经济研究部副部长罗雨泽表示，中国加入WTO之后，占世界出口的份额在持续提升。

自2002年至今，中国对全球贸易出口贡献率为20.3%，进口贡献率为16%，比加入WTO之前均提升了3倍以上。在149个发展中经济体中，以中国作为最大市场的有48个，仅次于欧盟的66个，远高于美国的27个和日本的8个。中国入世时关税水平为15.3%，2010年降为9.8%，最近10年，中国又签署自贸协定和自主降低关税，目前关税水平为7.4%。WTO数据库数据较全的113个国家和地区中，贸易加权平均最惠国实际汇率的关税中国为13.3%，比关税总水平更低，仅有18个国家和地区比我国税率的指标水平更低。从零关税进口占比看，我国零关税产品进口的比例为51.9%，仅有31个国家比中国的高。

2022年，中国外贸进出口总值42.07万亿元人民币，比2021年增长了7.7%。其中，出口总值23.97万亿元人民币，增长了10.5%；进口总值18.10万亿元人民币，增长了4.3%，对全球经济产生积极助推作用。

二、结构进一步优化

从出口商品方面看，2022年，出口商品最多的是"工业制品"。其中，排第一的是机械及运输设备，出口22.8万亿元人民币；第二是杂项制品，出口5.1万亿人民币元；第三是按原料分类的制成品，出口4万亿元人民币；第四是化学成品及有关产品，出口2.1万亿元人民币；第五是食品及活动物，出口4914亿元人民币。高新技术产业发展速度较快，2022年，太阳能电池、锂电池、电动载人汽车等绿色低碳产品出口增速均超过60%。2023年第一季度，中国超越日本、德国，首次成为世界上最大的汽车出口国，出口量超过100万辆大关。2023年前三个月，国内共出口106.9万辆新车，日本第一季度汽车出口量为104.7万辆。特斯拉中国、上汽集团、奇瑞、吉利、长城、长安、比亚迪是汽车出口的"大户"。海关总署数据显示，2023年一季度，中国汽车商品出口金额排名前十位的国家依次是俄罗斯、美国、墨西哥、英国、比利时、日本、澳大利亚、德国、阿联酋和韩国。

从进口方面来看，2022年进口商品最多的仍然是"工业制品"，其次是初级产品。其中，第一是机械及运输设备，进口6.3万亿元人民币。第二是矿物燃料、润滑油及有关原料，进口3.6万亿元人民币；第三是非食用原料（燃料除外），进口2.7万亿元人民币；第四是化学成品及有关产品，进口1.8万亿元人民币；第五是按原料分类的制成品，进口1.3万亿元人民币。进口金额最大的商品为集成电路，约2.8万亿元人民币，高端智能芯片行业、光刻机领域，当前还主要依赖进口。中国在高精端科技领域突破多、发展快，但由于起步较晚和发达国家的技术封锁，与其他发达国家相比还存在着一定的差距。

从企业性质方面来看，大型国有企业具有充足的资本，能够掌握外贸经营权，总体经济实力较强。民营企业发展速度较快，据海关统计，2022年，中国有进出口实绩的民营外贸企业51万家，进出口值达到21.4万亿元，增长12.9%。进出口规模所占比重达到50.9%，较2021年提高了2.3个百分点，年度占比首次超过一半，对中国外贸增长贡献率达到80.8%。

从贸易国（或区域）来看，中国经济网数据显示：2022年，中国对东盟、欧盟、美国分别进出口6.52万亿元人民币、5.65万亿元人民币、5.05万亿元人民币，分别增长15%、5.6%、3.7%。同期，中国对"一带一路"沿线国家进出口增长19.4%，占中国外贸总值的32.9%，提升3.2个百分点；对《区域全面经济伙伴关系协定》（Regional Comprehensive Economic Partnership，RCEP）其他成员国进出口增长7.5%。

三、服务贸易保持较快增长

中国经济持续稳定发展，为服务贸易增长提供了有力支撑。大力推进服务贸易创新发展，各地配套支持、服务贸易支持政策持续显效。服务贸易国际合作不断深化，服务贸易"朋友圈"日益扩大，有力推动了服务贸易快速发展。

商务部对外发布数据显示，2022年，中国服务进出口总额59801.9亿元，同比增长12.9%。其中，出口28522.4亿元，同比增长12.1%；进口31279.5亿元，同比增长13.5% 数据还显示，中国知识密集型服务进出口稳定增长。

四、"一带一路"成就显著

"一带一路"是中国参与促进全球开放合作发展的生动实践。"一带一路"秉持共商共建共享、互利共赢原则，搭建了一个前所未有的巨型区域经济合作平台，为各国提供了更多发展机遇和更大合作空间；覆盖欧亚大陆，延伸到非洲和大洋洲，为世界经济繁荣注入了新动力。中国立足于"一带一路"，通过基础设施建设、贸易投资和人文交流等，促进了各国之间的合作与发展，区域合作机制取得显著成就，极大地促进了沿线伙伴国家的经济发展，许多"一带一路"项目直接为共建国家人民创造了更好的生活条件。"一带一路"对非洲大陆的一个重要贡献是减贫发展。

"一带一路"作为一个新型国际区域合作平台，其理念是开放包容、灵活务实的。"一带一路"是中国实施全方位主动对外开放战略的重要载体，也是和与伙伴国家共同发展的新引擎。随着时代的发展，中国与各国扩大开放，"一带一路"的内涵不断丰富、形式不断增加、理念不断更新，共建创新丝绸之路正成为新的发展方向。

2016年9月，中国与联合国开发计划署签署关于共同推进"一带一路"建设的谅解备忘录，"一带一路"倡议还被写进第71届联合国大会决议。2023年是"一带一路"倡议提出10周年。十年来，中国对"一带一路"沿线国家进出口占外贸整体的比重，从2013年的25%提升到2022年的32.9%，开放红利惠及全球。数据显示，中国对东盟、"一带一路"沿线国家进出口增长保持强劲势头。2023年前两个月，中国与东盟贸易总值为9519.3亿元，同比增长9.6%，占中国外贸总值的15.4%。

五、自由贸易试验区培育新的增长极

自由贸易试验区是中国根据自身情况单方面设立的特殊区域，是一项进一步深化以政府放权为标志的改革，原来受到管制较多的创新类金融服务、文化娱乐教育和医药医疗护理业等获得了很大的发展机会。从2013年9月中国（上海）自由贸易试验区成立以来，经过多年的巩固扩大发展，目前，21个中国自贸试验区分布在中国东南西北中各个区域，已形成"1＋3＋7＋1＋6＋3"试点格局。自贸试验区作为中国对外开放的高地和制度创新的高地，以创新为核心，积极主动作为，打造各自特色，夯实发展基础，吸引中外企业集聚发展，快速推出创新成果，彰显各自优势，"你追我赶"，推动区域经济协调发展，已成为所在省市的新增长极、创新极。商务部数据显示，2022年，21家自贸试验区实现进出口总额7.5万亿元，同比增长14.5%，占全

国的17.8%，自贸试验区步入改革开放新进程。同时，聚焦离岸贸易、服务贸易和数字经济等新领域，大力推动自贸试验区建设，加快从商品和要素流动型开放向制度型开放的转变，促进市场联通和要素流动，推进自贸试验区与自由贸易区协调对接，提升了中国在世界上的核心竞争力。

中国的对外贸易不断发展，对中国国际经济形势产生了重大影响，使中国经济和外贸日益扩大，中国的国际影响力和国际地位不断提升。中国为世界经济发展注入了巨大的财富，在全球多元文化交流和新兴经济融合中发挥着越来越重要的作用。

第四节　高质量发展对外贸易

当今世界正在经历百年未有之大变局，全球范围都在发生不同以往的深刻变化，地缘政治格局冲突加剧，贸易争端增多，贸易保护主义抬头，国际产业链、供应链不畅，全球经济增长乏力，全球通胀压力上升等，使中国对外贸易发展环境的复杂性、严峻性、不确定性上升。同时，中国经济韧性强、潜力足、回旋余地广、长期向好的基本面貌没有改变，只有持续增强国际贸易创新动能，才能加快形成全面开放新格局，推动中国对外贸易高质量发展。

一、加快形成对外开放新格局

经济全球化出现了问题，回避是解决不了的，只能迎战。你不向我开放，我向你开放；你搞贸易保护主义，我就提倡更加开放，坚持主动开放、双向开放、全面开放、公平开放、共赢开放及包容开放，以"一带一路"建设为重点，以广交会、进博会等为平台，引进来走出去，深度融入世界经济的发展趋势，运用对外开放来应对保护主义，引领全球化和贸易自由化发展。着力提高引资质量，优化引资结构，促进国际产能合作；同时，鼓励有实力的企业积极走出去，结合当地国家实际情况，学习发达国家先进经验，大胆创新对外投资方式，在全球范围内，加强贸易、投融资、生产和服务等多方面合作，参与国际市场竞争，深化投资合作，加快培育竞争新优势，提升创新能力，打造对外开放新格局。

二、构建开放型经济新体制

东盟已成为中国目前第一大贸易伙伴；中国与欧盟、美国等贸易伙伴经济互补性强，经贸合作模式多样；与沙特等中东国家之间新的经贸合作机会不断加大。中国参与国际宏观经济政策协调，形成与国际高标准投资和贸易规则相适应的管理新模式；深化改革创新，进一步释放自由贸易试验区的效能；加快探索推进进程，建设具有中国特色的自由贸易港；推广复制自由贸易试验区、自由贸易港改革开放的经验，打造对外开放新高地；推动开放型世界经济和多边贸易体制建设，促进贸易和投资自由化、便利化。

三、营造国际一流的贸易环境

营造市场化、法治化、国际化一流贸易环境，是中国对外贸易发展的方针，也是大力发展对外贸易的必由之路。要坚持市场导向和市场竞争的原则，形成公平开放、公平竞争、统一高效的市场环境，平等对待所有市场主体，全面实行准入前国民待遇加负面清单管理制度；完善外资相关法律，实行高水平的贸易和投资自由化、便利化政策，形成法治化、国际化、便利化营商环境；围绕着国际贸易、跨境投资、人才流动和技术合作等方面，通过加强同国际经贸规则对接、加强产权保护等措施，继续精简负面清单，稳步扩大金融业开放，持续推进服务业开放，深化农业、采矿业、制造业开放，加快电信、教育、医疗文化等领域的开放进程，打造开放型经济新体制。

四、优化区域开放布局

整合各种资源，制定相关政策，配套相应措施，优化区域开放布局，拓展空间开放布局，推动形成陆海联通、内外联动、南北贯通、东西互通的大开放新格局，中西部地区继续拓展开放的广度和纵深，增强发展内生动力，切实改变东部发展快西部发展慢、沿海地区强内陆地区弱的开放局面。通过加快培育各类外贸集聚区推进贸易促进平台建设、国际营销体系建设，完善外贸公共服务平台建设及构建高效跨境物流体系，更好地支撑对外贸易的发展。加快创新驱动，通过夯实贸易发展的产业基础、增强贸易创新能力、提高产品质量及加快品牌培育，形成贸易竞争的新优势。

五、加快建设国际贸易强国

全球化的兴起是不以人的意志为转移的，保护主义盛行、全球化衰退、世界不确定性增强也是客观事实，但不确定性不是贬义词，不确定性可以创造出无限多变化的可能性，为将来的发展提供多种选择。要通过对外贸易质量变革、效率变革、动力变革，加快培育以技术、标准、品牌、质量、服务为核心的对外贸易新优势，积极探索新模式，充分运用新技术，培育贸易新业态，优化贸易结构；以数字化为抓手，加快转变贸易发展方式，从以货物贸易为主向货物贸易、服务贸易和数字贸易协调发展转变，提升贸易数字化水平，转型升级服务外包，不断提高国际竞争能力与水平，推动货物贸易优化升级，创新服务贸易发展机制，大力发展数字贸易，加快从贸易大国向贸易强国转变。

六、推进内外贸一体化发展

进一步优化市场配置资源机制，促进国际国内要素有序自由流动、资源全球高效配置、国际国内市场深度融合。首先要发展好内贸。当下，为什么一些发达大国（地区）"逆全球化"？因为它们是国内贸易的受益者。一个国家的内贸比其外贸重要得多。贸易经济学家早就了解到"丢失的贸易量"——各国的内部贸易量远比国际贸易量大得多，也比人们预期中的建立在经济基础上的贸易量大得多。如果国家的内部市场是开放的，那么针对外国货物的关税壁垒所起到的破坏作用相对为零。一个国家面积越大、经济越多样化，就越可以做到自给自足，而国际贸易的重要性也就越低。经济学家口中的"本土偏好"一直存在。比如，只有5%的美国公司、6%的墨西哥公司从事出口业务。著名出口企业的贸易主要发生在企业内部。

2002年，普林斯顿大学的乔纳森·伊顿（Jonathan Eaton）和耶鲁大学的塞缪尔·科蒂姆（Samuel Kortum）发表了关于EK模型的论文，将大卫·李嘉图（David Ricardo）的两个国家、两种商品理论，延伸至多个国家、多种商品理论。他们得出一个结论：进行贸易的福利取决于国内贸易额的大小。比如当时美国75%的GDP来自国内，如果美国不和任何国家进行贸易，它的福利损失只占其GDP的7%；而当时中国国内贸易仅占GDP的50%左右，测算下来，如果不进行国际贸易，福利损失将达到20%左右。这个问题，对于中国而言可一分为二看。从近期来看，体现了当时国际贸易对中国的重要性；从长远来看，国内贸易对中国的重要性不言而喻。中国这个巨型经济体最终需要依靠内需实现可持续发展，但绝不是闭关锁国，这是共识，也是前车之鉴。所以中国始终以开放的姿态拥抱世界，积极构建以国内大循环为主体、国内国际双循环相互促进的新格局。

欧洲大陆的面积大体相当于中国国土的面积，历史上曾实现统一，但是后来由于各种历史原因分成当今的几十个国家。欧洲国家长期分裂，战争不断，"二战"后认识到以单个国家的力量很难应对外部复杂多变的世界，合作才重要，从而成立了由几十个国家组成的欧盟和欧元区。成员国彼此之间达成一致，通过实行相同的标准、使用同一种货币等，促进商品和要素等自由流动，国与国之间的贸易成本和人员流动成本可能比有些国家内部的还要低，真正形成统一的大市场。目前中国正在通过"京津冀一体化""长三角一体化"等战略，加快内贸商品和要素的自由流动，加快形成国内统一大市场。

在发展好内贸基础上推进内外贸一体化，能够形成更强大的国内市场，有利于畅通国内国际双循环。中国内部消费对中国经济增长的贡献率已经超过70%，是一个巨大的市场，对资本的吸引力非常大，政治因素可以影响部分资本的流向，但不能决定所有资本的流向，也改变不了资本的趋利性，资本的本质就是扩张。近年来，中国内外贸一体化取得长足发展，内外贸市场规模日益壮大，内外贸一体化管理体制基本形成，内外贸市场对接活跃，一批同时从事内外贸的大型企业逐步成长。同时，内外贸一体化仍然存在短板，统筹利用两个市场、两种资源的能力不够强，内外贸融合发展不够顺畅。为促进内外贸一体化发展，2021年12月国务院办公厅印发的《关于促进内外贸一体化发展的意见》为内外贸融合发展破除制度障碍，对内外贸高效运行进行规范引导。2022年5月，商务部等14部门印发的《关于开展内外贸一体化试点的通知》提出：力争用3年时间，形成可复制推广的经验和模式，为促进内外贸融合发展发挥示范带动作用，从而全面实现内外贸的高效运行，形成发展的综合效应，促进经济更加健康稳定持续发展。

第三章　国际贸易理论发展过程

国际贸易理论的发展是一个不断演变的过程。初期的国际贸易理论是建立在生产要素不流动的基础上的，商品的国际流动被视为独立于资本和劳动力的流动而存在的。但现实中并非如此，国际贸易的条件随着社会的发展不断变化，相关政策随着形势的变化不断调整，新的贸易形式随着科技的发展不断出现。为此，经济学家不断进行理论探索和研究，国际贸易理论随着国际贸易形势、内容不断地丰富发展而逐步完善。目前大体经过古典贸易理论、新古典贸易理论、新贸易理论、新兴古典贸易理论、新新贸易理论五个阶段。可以预见，在未来的发展中，贸易理论将会进一步发展完善。

第一节　古典贸易理论

关于国际贸易发生的原因与影响，最早是由英国古典学派经济学家亚当·斯密在劳动价值学说基础上，将生产过程的研究作为贸易理论的起点，以地域分工为基础提出绝对优势论（absolute advantage）。后来，英国古典经济学家大卫·李嘉图（David Ricard）在其1817年出版的著作《政治经济学及赋税原理》中提出了比较优势论（comparative advantage）。两个学说被人们称为古典贸易理论。

一、绝对优势理论

亚当·斯密，英国古典经济学家，国际贸易分工理论的创始人。1776

年出版了代表作《国民财富的性质和原因的研究》，简称《国富论》。亚当·斯密认为，人们生下来差别并不大，由于后天选择不同的专业，因此，产生了生产不同产品的不同生产效率，分工可以极大地提高劳动生产率。如果每个人都专门从事其具有最大优势的产品的生产，然后彼此交换，那么这对每个人都有利。在亚当·斯密看来，这个道理也适用于每个国家。

亚当·斯密进一步认为，国际贸易和国际分工的原因及基础是各国间存在的劳动生产率和生产成本的绝对差异。一国如果在某种产品上具有比别国高的劳动生产率，该国在这一产品上就具有绝对优势；相反，劳动生产率低的产品，就不具有绝对优势，即具有绝对劣势。绝对优势也可以间接地由生产成本来衡量：如果一国生产某种产品所需的单位劳动比别国生产同样产品所需的单位劳动要少，该国就具有生产这种产品的绝对优势；反之则具有绝对劣势。各国应该集中生产并出口其具有绝对优势的产品，进口其不具有绝对优势的产品，这就是绝对优势理论。

用经典的"英国和葡萄牙生产羊毛和葡萄酒"的例子来阐述亚当·斯密提出的"绝对成本优势"概念。假设，同样用200人的劳动力，英国可以生产200单位羊毛，或者180单位葡萄酒；葡萄牙可以生产160单位羊毛，或者200单位葡萄酒。英国生产羊毛拥有绝对成本优势，而葡萄牙酿葡萄酒拥有绝对成本优势；英国应该进口葡萄牙的葡萄酒，葡萄牙应该进口英国的羊毛。一个国家应该与比自己拥有绝对成本优势的国家进行贸易。

亚当·斯密认为，生产成本绝对差异的存在是国际分工产生的基础和原因，绝对成本差异进行国际分工和国际贸易，将使各国的资源、劳动力和资本得到最有效的利用，将会大大提高劳动生产率，增加社会财富。

亚当·斯密在劳动价值学说基础上，将生产过程的研究作为贸易理论的起点，以分工为基础，先后对国际贸易的基础和贸易自由化进行了研究，通过全球生产效率的提高说明了自由贸易的好处，因为自由贸易使各国可以充分发挥其在某些产品生产上的绝对优势，从而提出绝对优势论。时至今日，这些理论仍被视为最基础、最有说服力的国际贸易理论的典范。同时，绝对优势决定了工人的收入和人们的生活水平。如果工人的生产率高，能生产更多的产品，能创造更多的效益，就可以享受舒适的生活；而生产率低的工人因为创造的效益相对较少，只能拿到低的收入，贸易本身不是罪魁祸首，强制性实行高工资也只能提高生产成本。要想提高工资，只能通过提高工人素质、促进科技创新、取消限制性政策等提高劳动生产率。

亚当·斯密的理论有其局限性，如果一个国家在任何产品的生产上都不具有绝对优势，而外国在所有产品上都具有绝对优势，那么该不该进行贸易？如果应该进行贸易应采取何种形式进行贸易？

二、比较优势理论

19世纪伟大的经济学家大卫·李嘉图，进一步完善了比较优势在贸易中的应用，提出了比较优势理论。比较优势理论就是指一个生产者以低于另一个生产者的机会成本，生产一种物品的行为。一个国家应该完全生产且出口具有比较优势的产品，不生产且进口比较劣势的产品。

一个国家将出口机会成本比较低的产品或服务，进口机会成本比较高的其他类产品或服务，即每个国家都可以通过出口生产上具有最大相对优势（最小相对劣势）的产品，进口最小相对优势（最大相对劣势）的产品而从贸易中获利。大卫·李嘉图对国际贸易理论做出的主要贡献是证明了各国不论是否具有绝对优势，都会从国际贸易中获利。大卫·李嘉图的方法实际上是一种存在于国家之间和产品之间的双重比较。

假设，同样用200人的劳动力，英国可以生产200单位羊毛，或者180单位葡萄酒；葡萄牙劳动效率提升了，可以生产240单位羊毛，或者200单位葡萄酒。葡萄牙在羊毛、酿酒两件事上都有绝对成本优势。英国虽然在两种产品上处于绝对成本劣势，但英国在酿酒这件事上拥有比较优势（劣势中的优势），而葡萄牙在羊毛上有比较优势（优势中的优势）。李嘉图认为，它们应该发生贸易。如果专注于生产那些劣势相对较小的产品，并通过出口贸易，依然可以改善本国的福利状况。

比较优势理论比绝对优势理论更全面、更深刻地揭示了国际贸易的基础，指出了任何国家都有参与国际分工和国际贸易的可能性。国际贸易不仅产生于绝对成本的差异，而且产生于比较成本的差异，一国只要按比较优势原则即"两优取重，两劣取轻"参与国际分工和国际贸易，就可获利。这一理论为世界各国参与国际分工和国际贸易提供了理论依据，成为国际贸易理论的一大基石，标志着国际贸易总体系的建立。如今，这种比较优势理论依然在国际贸易中发挥作用。根据李嘉图的比较优势理论，出口一国在国际市场上具有比较优势的产品或者进口存在比较劣势的产品，均能获得比自己生产这些产品更多的利益。因此，可以根据生产商品的比较成本的高低来确定要出口或进口哪些商品。

两个学说被称为古典贸易理论，大多数经济学家认为比较优势理论比绝对优势理论高级，因为有绝对优势，一定有比较优势，但有比较优势，不一定有绝对优势。从本质上讲，古典贸易理论都是从生产技术差异的角度来解释国际贸易的起因与影响的，但没有考虑生产力、科学技术、社会条件等的影响。

英国经济学家约翰·穆勒（John Stuart Mill）对优势理论进行了重要的补充，提出了相互需求理论，用以解释国际商品交换的比率。英国经济学家A·马歇尔（A. Marshall）在约翰·穆勒理论的基础上，提出了供应条件曲线，用几何方法来证明供给和需求如何决定商品交接比率。两者的理论共同构成了相互需求理论，论述了国际贸易中两国商品交换形成的国际商品交换比率是如何决定和达到均衡的。

古典贸易理论研究的出发点是一个永恒的世界，是一个静态均衡的世界。以完全竞争市场等假设为前提，强调贸易的互利性，存在一定的局限性。

第二节　新古典贸易理论

赫克歇尔-俄林要素禀赋理论，产生于20世纪二三十年代，是由两位瑞典经济学家伊F·赫克歇尔（Eli F. Heckscher）和贝蒂·戈特哈德·俄林（Bertil Gotthard Ohlin）共同提出的。该理论又称赫克歇尔-俄林理论，简称赫俄理论（H-O理论），被称为新古典贸易理论。比较优势理论是假设边际成本不变的，在实际中并非如此，所以比较优势理论也不能解答一切问题。新古典贸易理论利用新古典的边际分析、均衡分析方法考察国际贸易问题。

1919年，赫克歇尔发表了一篇著名的论文——《对外贸易对收入分配的影响》，就李嘉图的比较优势理论中两国间的比较成本差异用什么来解释的问题进行了阐述。赫克歇尔认为，两国间产生比较成本差异必须有两个前提：一是两国的要素禀赋程度不同；二是不同产品生产过程中所使用的要素比例不一样。这两点是国际贸易产生的前提条件。

1933年，俄林出版了《区际贸易与国际贸易》，系统阐述了各国资源禀赋差异同国际贸易的关系。俄林在书中的分析选用了自然要素禀赋作为新的理论基础，分析了国际分工产生的原因。各个国家因地理位置、气候环境不同，占有各种自然资源的情况不相同，在生产各种商品过程中所需要各种要素的比例也不相同。参与国际贸易的国家可以以相对丰富的资源为要素来生产产品，因此其成本相对于该种资源相对匮乏的国家而言要低，这样在国际市场上出售时，必然使得该国的这种商品的价格低于其他国家的这种商品的价格，参与国际贸易的国家就可以利用价格优势获取比在国内市场的贸易中更多的利益。因在《区际贸易与国际贸易》的开创性研究，俄林获得了1977年诺贝尔经济学奖。

赫克歇尔和俄林提出的模型在比较优势学说的基础上做了进一步的深

入研究。一是在解释了比较优势理论中相对优势产生的原因，即在于各个国家所拥有的自然资源状况的不同，所拥有的生产要素的丰裕程度不同使商品的生产成本不同，产生市场上商品价格的差异，为贸易的产生提供了必要条件。二是不仅对某种商品的生产和贸易做出分析，而且从资本、技术等要素出发在宏观层面上说明一个国家的贸易优势和劣势所在。三是解释了国际贸易可能会给一国经济和国民收入带来的影响。由于一国在国际市场上出售使用丰裕生产要素的资源并获得高于国内市场的利益，因此该种要素的需求量增加，价格上升。反之，需要使用本国相对缺少的资源生产的商品可以从国际市场获得，从而使该类商品生产要素的需求减少，进而使该种商品的价格下降。生产者和消费者均会从此类贸易中获得更多利益。

狭义的生产要素禀赋论认为，现实生产中需要投入的生产要素是劳动力等多种要素。基本条件是需要投入两种要素。假设各国生产同一种产品的技术水平相同，那么两国生产同一产品的价格差别来自产品的成本差别，成本差别来自生产过程中所使用的生产要素的价格差别，生产要素的价格差别取决于各国各种生产要素的相对丰裕程度，即相对禀赋差异。也可以说是生产要求丰裕程度决定了生产要素的价格，生产要素的价格决定了生产成本，生产成本决定了产品的价格，由此产生的价格差异使国际贸易和国际分工出现。

广义的生产要素禀赋理论指出，假设参加贸易的国家在商品的市场价格、生产商品的生产要素的价格和生产同一产品的技术水平相等（或生产同一产品的技术密集度相同），同时，生产要素在各部门转移时，增加生产的某种产品的机会成本保持不变。国际贸易取决于各国生产要素的禀赋，各国的生产结构表现为，每个国家专门生产密集使用本国具有相对禀赋优势的生产要素的商品。

赫克歇尔-俄林理论认为，由于各个国家要素资源禀赋不同，且不同产品投入的要素比率不同，因此会开展国际贸易。一国应出口较多使用其丰裕要素的产品，而进口较多使用其稀缺要素的产品，通过商品在国际市场上的价格优势获得更多利益。

比如，日本的自然资源严重匮乏，对于农产品、鱼类、木材和矿石严重依赖进口；日本拥有的高技能劳动力相对丰富，所以日本倾向于出口高技能劳动密集型产品。澳大利亚人稀地广，自然资源相对丰富，加工的成本比较高，主要倾向出口羊毛、矿石等农矿业初级产品。中国是大豆等土地密集型农作物的净进口国，金属矿石和石油等自然资源的净进口国，服装、鞋类和玩具等低技能劳动密集型制成品的净出口国。数据显示，中国是计算机的净出口国，主要是在中国装配后出口的，而装配过程需要密集使用低技能劳动力。实际上，从上述产品的原材料、部件方面来看，中国是净进口国。东南亚的小国盛产大米，而远在欧洲的某大国能制造独一无二的精密仪器，经过贸易，前者向后者出口大米，并进口后者的精密仪器，其结果是双方共赢。

要素禀赋理论，将各个国家之间在生产要素自然禀赋方面的相对差异作为理论研究的出发点，寻找国际贸易发生的原因，克服了李嘉图模型中关于一种生产要素投入假定的局限，取得了成功。这标志着国际贸易理论研究进入一个新的阶段。

第三节　新贸易理论

传统的国际贸易理论是在假定一国的要素禀赋、技术水平与消费偏好等变量固定不变的基础上进行的分析，属于静态分析。当国际贸易中出现了发达国家之间的"水平贸易"发展、区域集团内部贸易发展、制造业内部贸易发展、跨国公司内部贸易增长、加工贸易和软件外包等新的贸易方式时，在20世纪70年代后期，保罗·克鲁格曼（Paul Krugman）等经济学家尝试开始使用"规模经济"提出的一系列关于国际贸易的原因、国际分工的决定因素、贸易保护主义的效果以及最优贸易政策的思想和观点，阐述了规模经济、不完全竞争市场结构与国际贸易的关系，成功解释了战后国际贸易的新格局和新型产业在贸易发展过程中的作用和机制，逐渐形成新贸易理论。

克鲁格曼认为，规模报酬递增也是国际贸易的基础，当某一产品的生产发生规模报酬递增时，随着生产规模的扩大，单位产品成本因递减而取得成本优势，进而出现专业化生产并出口这一产品。

克鲁格曼改变了对国际贸易理论分析的基础，他假定厂商的生产是规模报酬递增的，并以此为依据得出使市场实现均衡的两个条件。首先，根据微观经济理论，厂商为了获得最大化的利润需要选择在边际利润为零的点上进行生产，在该点上厂商的边际成本等于边际收益，边际利润为零。其次，厂商可自由进入或退出一个行业的生产，通过经济学的分析可知，在这种情况下，只有在价格等于平均成本时，进入生产的厂商数量等于退出生产的厂商数量，即生产规模实现均衡。

新贸易理论现实适用性强，它能够揭示经济中更普遍的现象，并对新古典贸易理论无法解释的难题给出了合理的解释，即为什么国际贸易的大部分没有发生在要素禀赋相差极大的国家之间。新贸易理论认为，随着经济的发展、科技的进步、市场的扩大以及人们需求的增长，商品的多样性不断增强，而且处于变化之中。由于占有的资源、拥有的资本，以及劳动力和生产条件等的限制，任何一个国家都不可能生产所有种类的商品来满足所有人的需要。有需求就有市场，所以国与国之间的贸易成为社会发展的必然。

在不完全竞争的现实社会中，产业或企业要充分利用资源等优势，提高劳动效率，降低单个产品的成本，在规模收益递增的情况下，扩大生产规模，提高在国际市场上的竞争能力，就能实现规模效益。例如，飞机制造业最低限度的规模经济是很大的。据估算，美国波音公司在销售 1 架 777 喷气式飞机前需投资 30 亿美元，销售 300 架才能拉平成本与收益，这样高昂的固定成本需要巨大的规模经济，而世界需求或世界市场容量只能支持三家这样的寡头垄断公司。要扩大生产规模，仅靠企业自身的积累一般非常困难，最有效的办法就是政府选择发展前途好且外部效应大的产业加以保护和扶持，使其迅速扩大生产规模、降低生产成本、凸显贸易优势、提高竞争能力。美国对波音公司也进行补贴，发达国家如此，对于经济落后的国家来说更应如此。

新贸易理论中的动态比较优势理论，给发展中国家的后来居上提供了一些理论依据。发达国家开发创新产品首先出口到发展中国家，发展中国家在进口这些产品并逐渐掌握这些产品的生产方式，发达国家继续开发并生产更新的产品，周而复始。第二次世界大战后发生了三次国际产业转移。第一次产业转移发生在20世纪五六十年代，在日本、德国承接了美国移出的钢铁、纺织等产业后，"日本制造"开始畅销全球，德国成为世界经济强国。第二次产业转移发生在20世纪七八十年代，日本、德国两次将相关产业大规模转移到"亚洲四小龙"身上。"亚洲四小龙"一方面积极承接日本、德国的产业转移，另一方面将自己部分劳动密集型产业转移到东盟。第三次产业转移发生在20世纪90年代，美国、日本、德国等国大力发展新材料、新能源等高新技术产业，亚洲新兴经济体承接了美、日、德等国转移出来的重化工业和微电子等科技产业，并把部分失去比较优势的劳动密集型产业和一部分资本、技术密集型产业转移到中国和东南亚等国家，带动这些国家经济发展和产业结构升级，促进工业化进程。

在这个过程中，尽管发展中国家对技术的模仿对自身比较优势的形成和产业结构的提升的作用是明显的，但是发展中国家的企业如果不加大对核心技术创新的投资，就会出现技术"卡脖子"问题，不利于长远发展；只有在模仿中找到适合自己国家的路子，然后自主创新、研发，才能形成良性循环。受"再工业化"政策影响，产业高端链条回流欧美发达国家。从这一个角度来看，发达国家促进创新的政策反过来会阻碍发展中国家的赶超进程。

新贸易理论假定只有劳动和资本两种要素，生产新产品的国家获得福利，利润率提高，资本向获利高的地方（发达国家）流动。发达国家与发展中国家之间差距加大。一旦技术向发展中国家转让，一部分得到技术的国家用低成本劳动创造较高的收益，资本因此开始向发展中国家流动，改善了发展中国家的贸易条件，缩小了差距。但是，模型所说的资本向创新技术国家流动还是向转移技术国家流动是不确定的。

新贸易理论严格假设所有的厂商"硬件"完全相同，没有充分认识到人员综合素质和技术条件等"软件"的差异，特别是没有充分认识到这些差别对生产形成的影响。因此，无法解释在同一行业中，有的厂商是行业中的"领头羊"，有的却被淘汰出局。

第四节　新兴古典贸易理论

新贸易理论虽然解释了新古典贸易理论无法解释的里昂惕夫之谜及相关难题，但在某些方面与现实不相吻合。以杨小凯为代表的经济学家进行了一系列研究，产生了新兴古典贸易理论。由于该理论对分工的论证主要基于内生优势，因此新兴古典贸易理论也被称为内生优势理论。该理论内生个人分工、专业水平及市场一体化，能够解释企业出现、货币出现、分工演进、经济组织结构演化等重要经济现象，还能解释如何将国内贸易扩展为国际贸易，因此也就比以往贸易理论有更高的解释能力。

新兴古典贸易理论的关键假设是经济中的每个个体都既是生产者又是消费者。由于个人、厂商或者国家都不能囊括所有商品的生产，因此生产者之间存在分工，为贸易的产生提供了必要条件，当分工产生的专业化经济大于进行贸易所需花费的交易成本时，贸易产生。

新兴古典贸易理论认为，分工是贸易产生的必要条件，分工经济大于交易费用时为贸易的产生提供了充分条件。即使所有的人都完全相同，不存在任何差异，也会在后天的分工选择中形成各异的内生比较优势。分工促使贸易的产生，贸易的成本形成交易费用，当交易成本大于分工经济的时候贸易产生的条件消失，各国又会发展封闭式经济，取消国际贸易。所以分工与专业化经济大于交易成本是贸易产生的必需条件，二者缺一不可。随着社会经济的发展，交易效率在不断提高，交易所需的成本不断下降，分工经济的优势更加突出，这又会反过来促进商品生产的专业化程度的提高。市场经济越活跃，商品种类越多，消费者对多样化商品的需求就会在更大程度上得到满足，从而使福利水平提高。

世界经济是不断变动的。新兴古典贸易理论以内生比较优势为依托，以专业化经济为基础对贸易产生的原因进行了探讨，并在此基础上对产品和市场的相关问题做了动态分析，克服了静态分析的弊端，增加了对现实的适用性和解释能力。

新兴古典贸易理论为管理者对贸易选择相关决策的制定提供指导，以在分工经济和交易成本的矛盾之中找到平衡点，使经济的运行更加稳定和高效，为经济学的进一步发展做出重要贡献。

新兴古典贸易理论认为当分工产生的专业化经济大于交易成本时就产生了贸易。贸易分国内贸易和国际贸易。国内贸易，是指发生在国家地域范围之内的各种贸易活动、贸易关系的总和。国际贸易，是指不同国家（或地区）之间的商品、服务和生产要素交换的活动。虽然两者之间存在着在经济政策、法律规则、货币使用和风险程度等方面的差异，但在社会生产中的地位、商品运动方式和基本职能等方面是相同的，也就是说国内贸易和国际贸易的起源在本质上是相同的。新兴古典贸易理论的国内贸易和国际贸易起源统一理论从更深层次揭示了经济运行的本质，对实践具有极其重要的指导意义。

杨小凯认为，国际贸易活动中交易成本属于沉淀成本，对于一个理性贸易方来说，只有当它预期的贸易利益大于这些沉淀成本时，贸易才有可能发生，而当交易成本大到足以抵消潜在的比较优势时，国际分工与贸易就可能不会发生。在国际贸易中，制度常常会为许多以自利为目的的机会主义行为提供方便，从而增加贸易的额外交易成本。

新兴古典贸易理论无法指明参与国际贸易的国家应依据什么原则选择出口和进口商品。只能说明一国应出口本国的专业化经济较强、交易成本相对较低，从而可以带来更多交易利益的商品，同时需要进口那些本国的专业化经济较弱，通过国际贸易可以以更低的成本获得的商品。

新兴古典贸易理论追求形式上的全面性，一定程度上是一个宏观的框架，更适用于解释中长期的经济现象；无法顾及对经济运行细节的说明，对微观经济、短期经济现象缺乏解释力。新兴古典贸易理论理论意义大于现实意义。

第五节　新新贸易理论

新新贸易理论突破以往贸易理论的局限，从企业的异质性层面来解释国际贸易和投资现象，为贸易理论提供了一个新的研究方向，新新国际贸易理论更多的是对跨国公司的国际化路径选择做出解释，究竟是选择出口还是对外直接投资进行全球扩张战略。新新国际贸易理论从更加微观的层面——企业的角度层面来分析企业的异质性与出口和FDI决策的关系，关注企业国家化路径方式的选择问题。新新国际贸易理论主要有两个模型。一个是以马克J.梅里兹（Marc J. Melitz）为代表的学者提出的有关异质性企业模型（Heterogeneity of New Trade Theory），说明的是同产业的不同企业在是否出口问题上的选择。一个是以博尔·安特拉斯（Pol Antras）为代表的学者提出的企业内生边界模型（Endogenous Boundary Model），说明的是一个企业在资源配置的方式上的选择。

新兴古典贸易理论重新定位了绝对优势和比较优势原理的相互关系，并且重新归纳贸易理论的发展线路，将斯密的分工和内生优势的思想形式化并且放在核心位置，对贸易问题给出新的解释，将经济研究的重心重新从资源配置问题转向经济组织问题。新兴古典贸易理论虽然假定了技术差距、多种要素、差异化产品、不完全竞争市场，但是其中的企业是同质的，无法探讨企业间的贸易。前期的贸易理论也没有能够对"出口企业是少数高生产率的企业"这一事实做出解释。

对此，梅里兹根据存在不同生产率的企业这一实际情况，以Hopenhayn's一般均衡框架下的垄断竞争动态产业模型为基础，扩展了克鲁格曼的贸易模型，同时引入企业生产率差异，设计了只有少数高生产率企业从事出口的模型，建立了异质企业贸易模型。企业异质性是贸易成本、技术特征、工人技术异质性共同作用的结果，同时也对于国际贸易对技术溢价和能观测到的产业层面上的生产率的影响具有重要意义。引入企业异质性特征后，可以将同一产业内不同企业区分开来，确定哪些企业从事出口，哪些企业成为跨国公司。

赫尔普曼（Helpman）扩展了梅里兹模型，提出了生产率依出口企业、海外现地生产（FDI）企业的顺序逐级升高这一模型。这些"梅里兹式模型"研究结果显示：贸易能够引发生产率较高的企业进入出口市场，国际贸易促使资源重新配置，并流向生产率较高的企业。总的生产率水平取决于市场规模和贸易带来的市场一体化程度的双重作用，市场的一体化程度越高，生产率水平越高，而利润越低。

博尔·安特拉斯另辟蹊径，将格罗斯曼-哈特-莫尔（Grossman-Hart-Moore）的企业观点和赫尔普曼—克鲁格曼（Helpman-Kmgman）的贸易观点结合在一个理论框架下，提出了一个关于企业边界的不完全契约产权模型，并用该模型分析跨国公司的定位和控制决策。梅里兹模型界定了跨国公司的边界和生产的国际定位，并能够预测企业内贸易的类型。研究表明，异质企业选择不同的企业组织形式，选择不同的所有权结构和中间投入品的生产地点。生产率差异较大的产业主要依赖进口投入品，在总部密集度高的产业中一体化现象更为普遍；一个产业部门的总部密集度越高，就越不会依赖进口获得中间投入品。实证分析表明，有更好法律体系的国家，其契约密集型投入高的产业出口更多，因此，契约体制是比较优势的一个重要来源，同时，契约制度的质量变化对企业组织形式会产生不同程度的影响。

综上所述，从代表性理论、基本假设、贸易动因三个方面对五个阶段国际贸易理论进行简单梳理比较，以便更好地了解它们相互间的逻辑关系（见表3-1）。

表3-1 五个阶段国际贸易理论明细对比表

	古典贸易理论	新古典贸易理论	新贸易理论	新兴古典贸易理论	新新贸易理论
代表性理论	1.绝对优势理论 2.比较优势理论	1.生产要素禀赋理论 2.要素价格均等化理论 3.里昂惕夫之谜	1.基于外部规模经济的新马歇尔模型 2.基于内部规模经济的新张伯伦模型 3.古诺双头垄断模型	内生贸易理论	1.异质性企业贸易理论 2.企业内生边界理论
基本假设（技术、要素、产品、市场、企业）	外生技术差异、一种要素、同质产品、完全竞争市场、企业同质	外生技术差异、两种要素、同质产品、完全竞争市场、企业同质	内生技术差异（规模经济）、多种要素、差异化产品、不完全竞争市场（垄断竞争）、企业同质	外生和内生技术差异（专业化分工）、多种要素、差异化产品、不完全竞争市场（交易效率）、企业同质	内生和外生技术差异、多种要素、差异化产品、不完全竞争、企业异质
贸易动因	劳动生产率差异—外生比较优势	生产要素禀赋差异—外生比较优势	规模经济效应—内生比较优势	专业化分工和交易效率改进—内生比较优势	企业的异质性—外生和内生比较优势

当前，企业内部贸易呈不断上升趋势，跨国公司和区域集团内部贸易增长较快以及新贸易方式的不断出现等新现象，推动一体化贸易等国际贸易理论进一步发展；推动国际贸易研究内容向微观拓展、研究方法向微观化转变；推动国际贸易理论与企业理论、投资理论、空间经济理论和制度经济理论融合；同时，"逆全球化"等也给国际贸易提出了许多挑战，国际贸易形势复杂多变，国际贸易理论研究也任重道远。

第四章 国际贸易对国家的影响

随着世界一体化程度不断提高，各国相互依赖的程度也在不断加强。国际贸易极大影响一个国家人民的经济生活，事关重大。

由于全球化的经历不同，人们对贸易的看法也不同。生活在贸易有利地区的人更有可能支持经济开放，而生活在受贸易负面影响地区的人更怀疑全球化的好处。限制国际贸易会使一部分人从中获利，也会使一部分人受损；完全贸易自由化会使一部分人从中获利，使一部分人的利益受损。人们对是限制国际贸易还是鼓励国际贸易争论不休。目前国际贸易不仅受市场这只"看不见的手"的影响，还受政策这只"看不见的手"的影响，因为国家可以通过制定政策、调整关税等措施来影响国际贸易。因此，国际贸易带来的结果是多样的，不是唯一的；影响是多方面的，不是单一的。所以，研究国际贸易的影响需要从全局来分析，需要从正反两个方面来分析，需要兼顾长远利益来分析。

第一节 国际贸易对国家的积极影响

一、加强国际联系，促进经济发展

国际贸易建立了国家间的经济联系，促进了国家之间的协作和合作，有助于加强国家间的相互依存关系，促进了世界和平与稳定。随着市场化进程不断加快，贸易商品的范围扩大了，国际贸易已经成为推动经济增长的重要手段。国际贸易能够通过外部市场的需求带动国内生产的稳定发展，促进生产力水平的提高，不仅可以调节国内生产要素的利用率，调整和优化经济结构，推动产业间协调发展，还能改善国与国之间的供需关系，推动各产业逐步由劳动密集型向资本密集型、技术密集型转移，增加国家财政收入，以促进经济的发展。

从历史角度看，我们也很容易判断国际贸易的作用。朝鲜和韩国同处于朝鲜半岛，实行不同的贸易开放政策，经济发展成果不同。1948年后，韩国实行贸易开放政策，实施"出口导向型"经济开放战略，提出了"划时代地扩大出口"的主张，推动经济飞速发展，目前为世界上网络最发达国家之一，造船、轮胎、合成纤维、汽车生产等产业也名列世界前列。从一个国家来看，"二战"后，印度采取"进口替代战略"，贸易保护十分严重；20世纪80年代后半期逐渐转向"出口导向型"经济政策，1991年后实行全面改革开放，经济社会不断发展，目前成为当今世界新兴国家、"金砖国家"代表之一。从国际经济学角度看，国际贸易促进了国际分工，促进了生产力的发展，促进了市场的扩展，促进了全球经济的发展（见图4-1）。

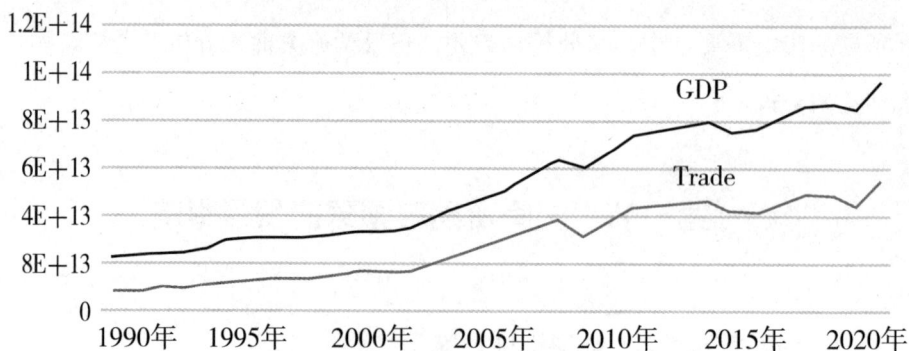

图 4-1 世界贸易与世界产出趋势

　　企业可以通过参与国际、国内分工，优化资本和技术等要素的配置，迅速提高生产率和生产效率，增加产品品质和服务水平，提升品牌形象和市场竞争力，以达到更好的效益。我们假设一个国家的产能很小，不能影响国际上某个物品和服务的价格，参与国际贸易后，这个国家是一个价格接收者。那么，如果一个国家商品和服务的价格越低，则越有比较优势；参与国际市场后，它便成为这个商品和服务的出口国。

　　参与国际贸易后，国内价格与国际价格一致，上涨了。国内总剩余为A＋B＋D＋C，增加了C（见图4-2），即作为出口国，生产者提高了产量，并把产品以较高的价格卖到了国外，生产者得到了好处。对一个国家整体经济而言，也是正向效益的。因此，推动出口导向和对外开放政策能够有力促进本国经济发展。

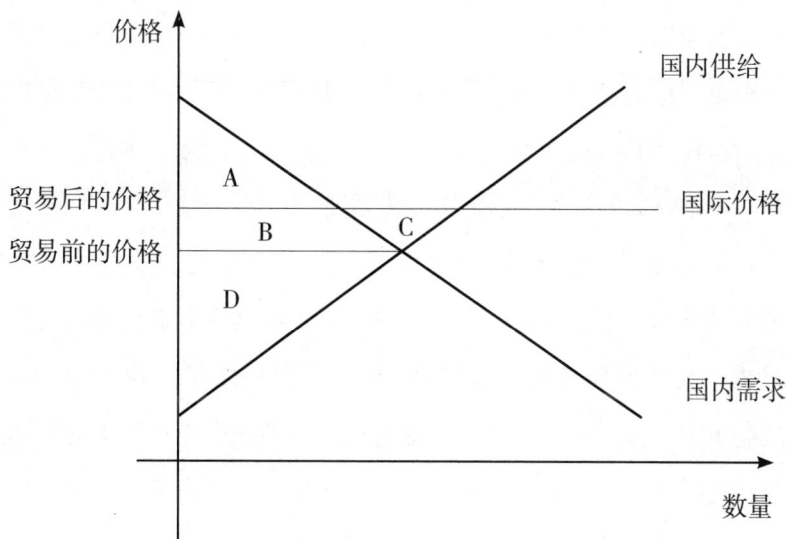

图 4-2　商品价格相对低，一国具有比较优势

二、激活生产要素，拓展市场空间

由于国际贸易的竞争性，在不同国家间进行的贸易互助可以得到各个国家的最佳产品和服务，有助于提高产品的质量和性能，从而满足需求和提高消费者的口碑，因此国际贸易可以带来更好的全球供应链。激活生产要求，促进技术创新和质量提高，能够引进外国原材料和技术，从而降低生产成本，提高生产效率；持续进口产品，形成了"鲶鱼效应"，进口产品与本国产品产生激烈竞争，激励本国企业加快技术创新、提高产品质量、扩大市场规模，提高竞争能力；加速淘汰一些低效率、高能耗的企业，从而优化本国的市场结构。

出口产品时按国际市场结构和客户需求的变化进行自我调整，按国际标准持续生产出成本低、质量好、性价比高的商品，与外国生产同类商品展开激烈竞争，倒逼企业必须进行创新，进行战略转型升级，不断创新经营管理模式。并按国际惯例结合当地风俗习惯进行营销，提高市场竞争力，扩大市场份额和规模，拓宽销售渠道，扩大产品和服务覆盖面，进一步强化市场竞争力和商业合作关系，增加销售额和利润。特别是在国际市场化竞争日益激烈的当下，对企业扩展海外市场意义尤为重要。

日本作为世界上最著名的汽车生产国之一，可以说是全球化带来的正面影响最为显著的一个。在全球化背景下，日本的汽车制造商能够将自己的产品通过出口卖到世界各地，并利用海外市场的需求不断在国际市场上形成强大的竞争力。国际贸易可以在全球范围内调节国内生产要素的利用率，改善国与国之间的供需关系，对国家经济总量的提高有帮助，可以促进行业的发展，无形中能够推动企业的发展，引导行业的发展和转型，促进市场经济进一步发展。可以肯定的是，国际贸易能够助力提高国家经济总量，促进行业的发展。出口企业面对的是国际市场，容量大、需求多、客户多，随着生产量的上升，单位成本下降，促进经济效益不断提升；同时，出口贸易能够形成一个产业链，可以带动上下游一系列工业部门的发展，取得"乘数效果"，推动经济的持续发展。

三、提高技术水平，增强国际竞争力

技术的更新是客观规律，简单、直接，残酷无情，颠覆性技术能够重塑贸易格局。当然，研究开发新技术、新产品非常不容易，但为了长远的发展，必须付出艰苦的努力和巨大的成本。在国际贸易中，各个国家都寻找比较优势，且借助世界各国先进理念，推动产品、货物和技术交织与融合发展，以最佳的方式利用国内经济资源并提高生产效率，促进产业转型，鼓励企业发展和创新，提高商品质量和服务水平，不断提高自身的生产能力与技术，加大产品的市场份额，提升市场竞争优势和国际贸易的竞争力，这都有助于增强国家的竞争力。

企业通过进口先进的技术和设备，不仅节省了创新的成本，还能刺激经济增长，直接促进国内生产的发展和生产率的提高；通过出口，在参与国际竞争的过程中，缩小与世界先进技术的差距和接近相关产品的高标准，能够刺激本国企业进行产品和技术的创新，而新的产品和技术又能提升企业的市场竞争力，提高国外市场占有率，推动经济增长。通过国际贸易，企业可以根据市场需求调整产品品质和价格，在产品品质竞争中立于不败之地；提高核心竞争力，不断推进企业发展，从而在国际市场占有相对优势。而对于国家而言，国际贸易不仅仅是国际市场竞争的斗争，还是提升国家整体竞争力的有效途径。通过国际贸易，国家和企业能够加强与其他国家的经贸关系，共同发展和进行利益捆绑，促进国家和企业的技术创新和管理创新。

四、商品多样化，增加国民福利

贸易是一股能提升全世界人民生活水平的伟大力量，也是这个国家的买方和那个国家的卖方之间的一种自愿交换产品和服务的行为。根据经济学中的效用理论，无差异曲线越高，表示效用越大，当新的消费可能性边界和更靠右上方的无差异曲线相切时，新的消费均衡得以实现，消费者效用达到最高值。由此可见，国际贸易可以帮助一个国家更好地满足消费者需求，提高居民的生活水平，增加国民福利。国际贸易促进了经济发展，还能使人们享受丰富的国际商品和服务，提高消费品的品质和水平，满足人们的多元需求，方便人们的生活。国际贸易在低收入和中等收入国家中，能够支持和带动国家和地区的经济发展，可以创造就业机会，特别是在出口行业；缩小贫富差距，提高公民生活水平。同上，我们假设一个国家的产能很小，不能影响国际上某个物品和服务的价格，参与国际贸易后，这个国家是价格接收者。那么，物品和服务的价格越高，则越不具有比较优势；参与国际市场后，成为这个物品和服务的进口国。

如图4-3，可以看到，国家贸易前，国内总剩余为A＋B＋D。参与国际贸易后，国内价格与国际价格一致，下降了。国内总剩余为A＋B＋D＋C，增加了C，即作为进口国，因为充分的竞争，可以得到性价更优的消费品。消费者可以得到更加便宜的物品，消费者得到了好处。

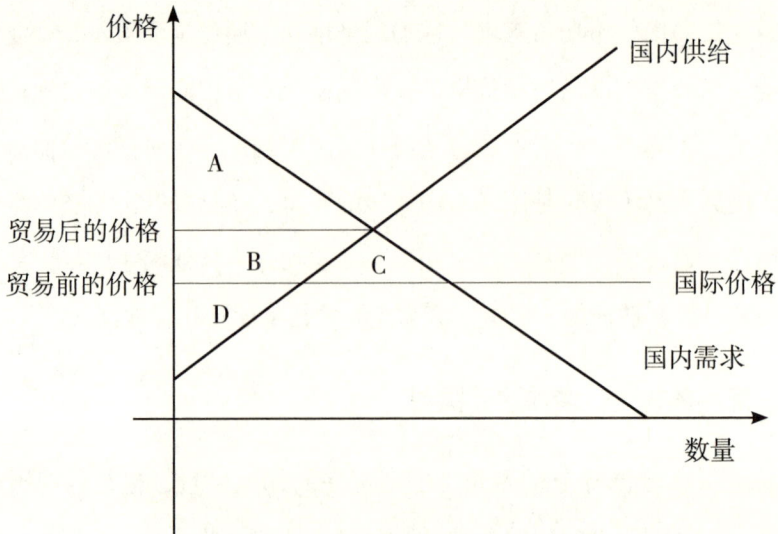

图4-3 商品价格相对高，一国没有比较优势

五、推动文化互动，增进文化交流

贸易交流不仅是经济的互通，还会带来不同文化之间的交流。在贸易中，人们可以了解不同国家的文化差异，加强相互之间的理解和信任，提高国家在国际社会中的声誉和地位。

国际贸易全球化发展，给文化的传播带来了积极作用。各国不同的文化产品，不仅可以丰富消费者的选择，同时也可以引起其他地区的兴趣和关注，推动文化互动。例如，中国的茶文化通过贸易的传播，已经在全球范围内得到了广泛认知和传承，成为中国文化的一部分。

国际贸易的多元化发展，达到了文化推广的目的。在国内市场渐趋饱和的情况下，选择进入其他国家或地区。通过文化产品的贸易，推动文化信息和价值观念传递品牌形象。例如，日本的漫画和动画在全球市场得到广泛的认可和接受。

区域贸易一体化的快速发展，促进了各国的文化产品在自由贸易区更快地互相流通，推动彼此间文化的交流。例如，欧盟成员国在经济一体化的基础上逐步建立了文化产业联盟，通过对文化产品的传播加深了了解，增强了共同体意识。

国际贸易的互补性在一定程度上消除了不同文化背景之间的隔阂。通过不同文化产品在市场上互相配合，推动文化产品贸易，可以实现文化差异之间的互补。例如，中国的武侠电影在印尼的市场上受到欢迎，这种互补性文化的交流推动了贸易的发展。

国际贸易的创新性不仅体现在技术和商业模式上，同时也贯穿于独具特色的文化产品设计之中。文化产品中融入的贸易创新元素，为文化交流注入了更多的元素和活力。例如，华人婚庆市场在服务内容和服务形式上进行创新，吸引了跨文化的新人群体，促进了华人婚庆文化的传播和贸易的发展。

国际贸易全球化，打破了不同国家之间文化差异的隔阂；贸易创新为文化交流的发展注入了新活力，国际贸易有助于增进文化交流。

第二节　国际贸易对国家的消极影响

在国际贸易中确定存在固有的利益冲突。

每个国家拥有的劳动力和技能、资本、土地和其他资源不同，各国具有不同的比较优势，国家与国家之间既存在差异，又关联依赖，一个国家的事件或政策变化时都能对相关国家形成影响，贸易不仅取决于自然优势，还取决于各国实际决定做什么，以及各国计划发展什么样的生产能力。亚马孙河流域的一只蝴蝶拍动纤纤翅膀，能形成印度的季风。

一、不利于本国产业发展

一个发达国家可以通过帮助一个不发达国家提高生产能力并从国际贸易中获益。如果某个产业在国内发展还不成熟，此时开放国际贸易有可能对于该产业是一种打击，使该产业无法在激烈的国际竞争中发展，最后国内市场被外国企业占据，并产生工人失业，工作岗位减少的后果。印度的手工艺产业是一个重要传统产业，在全球化的背景下，这种传统文化产业面临着市场萎缩的威胁。由于历史和技术研发水平等的制约，一些技术含量高的产业没有发展成熟，但对本国未来经济发展非常重要，如果允许外部高效率企业与本国企业进行有效竞争，有可能会使本国企业受损、产业衰退，严重的时候会给整个国家带来负面影响。

自由贸易使资源能够根据市场的变化进行重新配置，更多地流向高生产率企业；高生产率企业就可以获得更多的利润和市场份额，随着时间的推移和财富的积累，可能产生资源过度垄断；过度垄断后，就会出现市场调整能力弱、人为调整因素多的问题，从而使整体市场效率降低；发达国家不仅可以通过激烈的竞争来维持其相对的巨大优势，还可以通过关税壁垒来进行干预，以保护其自身利益。另外，如果贸易仅发生在一个国家的部分地区，只能促进该地区经济的发展，容易使经济发展不平衡。比如，中国的沿海地区受区位等因素的影响，站在中国对外开放的前沿，沿海地区企业更容易获得国际贸易带来的好处；而内陆地区企业虽然可以依托自由贸易试验区等开展对外贸易，但受自然区位等因素的影响，获得国际贸易带来的好处相对较少。这也是地区差距形成的一个重要原因。

二、容易形成经济波动

国际贸易一般交易数量和金额较大，还涉及运输、保险、银行、商检、海关等部门的协作、配合，交易双方承担的风险远比国内贸易的要大。由于价格、市场需求、汇率等的影响，国际贸易一般会使经济波动加剧。对于一个出口国来说，可能无法销售产品到其他国家，出口贸易减少，从而降低经济增长。对于一个进口国来说，由于贸易减少和关税增加，某些进口商品可能会变得更加昂贵，从而导致通货膨胀的压力。对于投资者来说，因为国际贸易前景的不确定性增加，股市和其他市场可能产生波动。贸易全球化的"混沌效应"认为，一次小的行为可能给远处带来完全意想不到的后果，因此，在进行贸易时，要考虑到包含关税等政策在内的各种因素，否则后果很严重。

"广场协议"，因于1985年9月在纽约广场饭店签署而得名。1979—1981年，美联储把美元利率提高到20%，遏制了持续多年的通货膨胀，美元升值，大量日本商品廉价地冲入美国市场，而日本从美国的进口并没有同比例增加，日本获得了大量贸易顺差，而贸易顺差的钱中的相当一部分又投资到美国买房、买地。

保罗·沃尔克（Paula Volcker）在《时运变迁：世界货币、美国地位与人民币的未来（修订版）》中说道：美国这个历史上最富有、最强大的国家，正在变成世界最大的债务国。美元汇率已经明显太高，是不可持续的。

1982年，日本担忧美国外债增加和贸易赤字将影响日本出口，并对日本在美国的投资产生负面影响。1984年，美元仍在升值，日本担心美元崩盘。日本主动表示，日元可以升值10%~20%；美国承诺向日本转移一些半导体、核电等高科技领域的技术。1985年9月22日，美国、日本、德国、法国和英国的财政部长、央行行长在纽约广场饭店举行会议，达成五国联合干预外汇市场，诱导美元对主要货币的汇率有秩序贬值的协议，即所谓的"广场协议"。随后，美元指数一路下滑，日元升值。1985年9月，美元兑日元1∶250左右，不到3年时间，美元兑日元1∶120，贬值超过50%，也就是说，日元兑美元升值了1倍多。日本出口急剧下降，大量资金疯狂流入股市和楼市，经济泡沫越来越大。1989年，日本泡沫经济迎来了最高峰。1992年8月，大量账面资产在短短的一两年间化为乌有。

正常情况下，资金流动是由贸易中的货币交易主导，而市场目前的真实资金流动，是由追逐高投资收益的大规模资本流动主导，这些资本流动可能受到高利率等因素的影响，也可能受到一国不可预测的政治因素影响。汇率因此对这些资本流动的反应更剧烈。

三、作为国际博弈的筹码

一个主权国家可以拥有自己的货币，以及制定关税、财政政策等，可以与外部其他国家或地区设置各种各样的壁垒，从而影响贸易的流动性、全球性和便利性等。比如，一个国家可以从关税中获益，但其他国家也可以通过关税进行反制。部分大国往往通过威胁对进口产品加征关税的方法来在谈判中争取更多利益。

2018年年中，美国挑起了一场贸易摩擦。2018年初，美国对进口太阳能电池板征收了起点为30%的临时保障性关税，对洗衣机的进口征收最高可达50%的关税。2018年3月，美国对钢铁进口征收25%的关税，对铝进口征收

10%的关税。4月4日，美国动用关税对中国高达500亿美元商品采取报复性关税措施，此后先后三轮对中国约3600亿美元商品加征高额关税。

各出口国对美国单方面对钢铁和铝征收关税的行为纷纷反击。2018年4月，中国对从美国进口的大豆等106项商品征收额外25%的关税。中国对约30亿美元的美国对华出口商品征收报复性关税，其中包括对猪肉和其他7种商品征收25%的关税，对另外120种商品征收15%的关税。6月和7月，墨西哥对从美国进口的30亿美元的猪肉和其他90种商品征收10%–25%的关税。6月，欧盟对从美国进口的32亿美元的商品征收报复性关税（大部分为25%）。欧盟表示，有可能对另外38亿美元的美国出口商品征收关税。7月，加拿大对从美国进口的126亿美元的商品征收10%–25%的报复性关税。特朗普引发的全球性争议最后演变成一场贸易摩擦。

贸易摩擦"杀敌一千，自损八百"。美国2021年贸易总逆差达8614亿美元，其中商品贸易逆差更是高达1.1万亿美元，创下1960年美国政府开始追踪年度贸易差额以来的最高纪录。

中美贸易摩擦还让美国企业损失1.7万亿美元市值，丢掉了24.5万个工作岗位；每个家庭年均开支增加近1300美元。2018年至2022年上半年，美国城镇居民消费价格指数已增长近3倍（见图4-4）。

2023年3月3日至10日，《环球时报》旗下舆情调查中心从美国对华贸易摩擦的实质、对全球及本国经济影响、对所在行业及企业影响、未来趋势及预期四个方面展开中美民意调查。发布的调查报告显示，关于"贸易摩擦实质"，中国公众最倾向于选择"经济全球化与贸易保护主义之争"或"美国对中国进行战略遏制的手段之一"。中美均有六成受访者认同美国对华贸易摩擦对世界产生了不利影响。中美均有多半受访者认同"贸易摩擦对自己的国家产生了不利影响"，而且美国的认同率（59%）高于中国的（53%）。接受《环球时报》记者采访的相关专家认为，越来越多的美国民众和企业不愿意成为美国对华贸易摩擦的"苦主"，美国政府到了正视问题的时候，应与中方积极磋商，让中美贸易回到正常轨道上来。

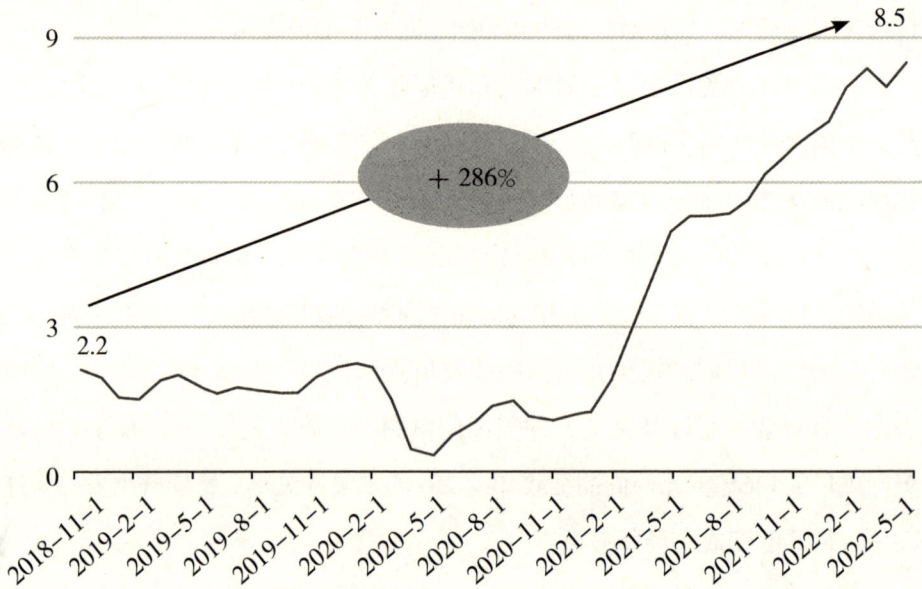

图 4-4　2018—2022 年美国城镇居民消费价格指数增长图

资料来源：美国联邦储备经济数据

经济领域只是人类社会诸多领域中的一个领域，且与其他领域存在着千丝万缕的联系，竞争是经济进步的动力，但并不是所有人都能够适应竞争环境。如果非理性替代了理性，经济政策被政治所替代，必然会出现贸易利益等种种冲突。

尽管重商主义者的零和博弈等主张遭到了多方的批驳，但是重商主义思想至今存在。新重商主义者虽然应用现代经济学分析方法通过构建严密的逻辑体系来阐述经济思想，但他们的思想与重商主义的本质是一样的，追求更大的对外贸易顺差，仍把贸易视为零和博弈，一方的收益必然意味着另一方的损失，各方的收益和损失相加总和永远为"零"。国际贸易不是零和游戏，不是一个国家有所得另一个国家就会有所失。国际贸易是正和游戏，贸易两国通常都能在贸易中获利。经济分析则表明，贸易平衡是指该国与世界上其他所有国家的总体贸易平衡。一国的贸易平衡由其宏观经济状态所驱动，尤其该国国民储蓄和国内实际投资的差额。

出口和进口都能为一个国家带来收益。一国从贸易中获益多少取决于国际贸易均衡时的国际相对价格的高低。如果一国综合实力、科技能力强，商品附加值高，能以相对较高的价格出口商品，并且拥有广阔的市场和强大的消费能力，能以相对较低的价格购买进口品，那么该国就能从贸易中获益。对于每个国家而言，贸易的收益取决于一国的国际贸易条件，即该国出口商品的价格和进口商品的价格之间的比率。

四、影响国家战略安全

国际贸易涉及产品、技术和资金等多个方面，影响是多方面的，也是长远的，是一把"双刃剑"。要统筹好发展与风险的关系，把握好了，能够较好地促进国家的发展；把握不好，有可能使国家陷入被动，影响到一个国家的战略安全。

春秋中期，著名的"服帛降鲁梁"，就是齐国通过故意制造绨衣"稀缺"的假象，让鲁国、梁国落入圈套，从而盲目地进行产业转型，开始大量生产绨布、衣。结果就是鲁国、梁国经济被摧毁。

当时，齐国的局势并不好，夹在鲁国和梁国之间，齐桓公想要破局而出，管仲说，鲁、梁两国有一种奢侈的衣服，叫作衣，价格昂贵。您可以带头穿绨衣打广告，让臣子近侍也穿这种奢侈品，再影响本国百姓跟着穿绨衣；同时，必须禁止本国生产制造绨衣。管子告鲁梁之贾人曰："子为我致绨千匹，赐子金三百斤；什至而金三千斤。"（《管子·轻重》），于是，鲁、梁二国商贾开始重金收购，两国大量生产绨布、衣，百姓不再发展农耕，鲁、梁二国很快就成了单纯的衣物生产国和粮食进口国了。此时，齐国不要再穿绨衣了，也不要再进口绨衣了。同时，齐国设立关卡，不要再向鲁、梁两国出口粮食了。鲁、梁两国原本价值千金的绨衣，瞬间变得分文不值。同时，鲁、梁两国错过了农时，又没有补充的粮食，遍地饥民，经济崩盘。

齐国通过经济手段，达到了上兵伐谋的效果，兵不血刃地摧毁了敌国经济，达到了让敌国臣服的目的。

五、影响国民基本生活

因为国际贸易要涉及不同国家或地区在政策措施、法律体系方面可能存在的差异和冲突，容易受到交易双方所在国家或地区的政治、经济变动，双边关系及国际局势变化等条件的影响，如果发生严重的政治风险一般会使国际贸易流通受限或停滞，给经济带来严重的影响。国际贸易有时可成为世界各国进行政治、外交斗争的重要工具。

俄、乌冲突持续到现在，不仅出现了令人头疼的难民危机和能源危机，甚至连基本的粮食安全都难以保障。

根据美国农业部的数据，2022年乌克兰的粮食产量相比2021年下降了40%。乌克兰作为"欧洲粮仓"，本是全球主要的粮食出口国，但如今为了保障自身的粮食安全，乌克兰政府采取极为保守的粮食出口政策，农业生产需首先满足国内需求，禁止出口当地生产的粮食商品。俄罗斯化肥的限制出口，直接使全球化肥价格攀升，攀升速度甚至超过了食品价格，而且居高不下。作为农业生产的必要原料，化肥价格高会进一步提高农业生产成本，从而影响粮食价格和产量。

俄罗斯和乌克兰都是全球主要的粮食出口国，这两个国家占全球葵花籽油产量的50%以上，大麦产量的19%，小麦产量的14%，玉米产量的4%。由于这些干扰，全球主要农产品供应将下降10%—50%。在全球粮食减产的大背景下，全球有32个国家对粮食出口实施了限制，旨在保护国内粮食安全。由于这几年的经济发展呈现下行趋势，全球的贫困和不平等已经在加剧，巨大的社会矛盾将会接踵而至。因为这种粮食领域的不安全，很可能会转化成政治上的不稳定。

六、影响环境与健康

国际贸易还有一些潜在的负面影响，可能导致生产过程中的环境污染（第五章进行介绍）和健康问题。

国际贸易的发展一方面带来了食品和收入的增长等，有利于人们营养支出的增加和卫生条件的改善；另一方面也可能带来污染、疾病和不良的生活方式等，从而降低人们的生活质量和健康水平。

英国《自然》杂志于2017年刊发的一项研究成果首次定量揭示了全球贸易活动中隐含的二氧化硫和细颗粒物（PM2.5）跨界污染对健康的影响：2007年其造成约76万人过早死亡，占全球因PM2.5污染过早死亡人数的22%。这篇题为"全球大气污染输送和国际贸易的跨界健康影响"的论文，由清华大学、北京大学和其他国际研究团队共同完成。空气污染已成为一个真正的全球问题。

该研究小组获得的相关研究成果显示：国际贸易使中国、印度、东南亚和东欧等国家和地区的PM2.5污染暴露和过早死亡人数增加，而美国、西欧、日本等国家和地区的过早死亡人数减少，这表明污染通过国际贸易从发达地区转移到了欠发达地区，影响了人们的身体健康。因此，在国际贸易中，一方面要最大限度地减少这种伤害，另一方面，要加强与发达国家的国际贸易，通过医疗人才流动，提升某些疾病的治疗效果；刺激市场竞争，进一步强化政府公共支出力度，规范医疗服务，创新医疗设备，创造一个有利于改善健康的环境。

国际贸易与疾病之间的关系是双向的。过去瘟疫病菌的原发地只局限于一些相对小的地区，现在由于人口和贸易的增加及交通的发达，人更容易受到传染病的危害。传染疾病一旦出现，就会沿着贸易交通线路，如高铁、高速公路、飞机等，快速传播至全球。国际贸易让病菌快速传播，传染病的暴发反过来改变了贸易的方式。

第三节　国际贸易对中国的积极影响

改革开放初期，中国通过"请进来"的方式，为国民经济的发展创造了巨大的动力；后期，中国通过与世界制度机制"接轨"，主动加入世界贸易组织等国际经济组织；目前，中国通过"走出去"的方式，深度融入经济全球化发展。国际贸易对于中国的重要性恐怕比对世界上其他任何国家的都要突出，中国外贸依存度最高时超过60%，远远高于其他大国的。世界的发展需要中国，中国的发展离不开世界，更离不开贸易，国际贸易对中国经济发展具有较多积极影响。

一、有利于利用外资

改革开放之前，中国利用外资额几乎为零。改革开放初期，中国利用外商投资没有成功经验可以借鉴，因此通过试点探索。这个时期，外商投资以借用外国贷款的间接投资方式为主，直接投资方式为辅。1992年，中国根据前期试点经验借鉴国际上成熟经验，出台了一系列吸引外资的优惠政策，进一步优化了营商环境，外商投资有了突破性增长，外商直接投资超越对外借款成为吸引外资的最主要方式。中国利用外资修建铁路、公路、机场等基础设施，开发石油、煤炭等矿产资源，为国民经济的发展做出了重要贡献。

近年来，中国不断加强经济体系建设，但是由于起步较晚，与发达国家相比仍需不断完善。但是中国的经济韧性强，市场行情较好，潜力大，具有广阔的发展空间，为深化国际合作提供了广阔的舞台，非常适合与外企合作，完善产业链、供应链，推动世界经济协同发展、全球化发展，有助于中国对外引资。前期，其他国家在不同程度上出现了金融危机、银行倒闭等问题，中国都有效应对化解了相关风险，受到的影响较小，给予资本很大信心。同时，中国对外资需求也是较大的，因此中国在吸引利用外贸上具有很大优势。许多外企选择在中国进行投资建设，有力促进了中国经济的发展，也体现了国际贸易对中国经济的积极影响。

中国经过持续四十多年的开放市场、吸引外资，目前，外商投资企业的工业总产值和利润在全国的占比都稳定在20%左右。特别是在东部一些沿海开放城市，外商投资企业上缴的税费已成为地方财政税收的主要来源。外商投资企业的大规模出口贸易也使中国获得大量的外汇收入，成为弥补中国储蓄和外汇缺口的重要来源。直到中美贸易摩擦以后，这种情况才有所改变。

二、有利于完善与优化产业结构

经济发展初期，中国产业结构不够完善，技术水平相对落后。近年来，在经济全球化的推动下，特别是中国实施了一系列的改革政策，与其他国家之间的贸易交流不断增多，通过"一带一路"等"走出去"合作，通过自由贸易试验区等"引进来"合作，在各项因素相互推动作用下，中国产业结构逐渐完善。

现阶段，贸易自由化促进贸易种类与交易量不断增多增长，也为中国外贸经济的发展提供了更多的机遇。根据需求产品的多样性，中国有针对性地进行研发生产，产品生产流程规范、产品种类丰富、产品技术含量较高。目前，中国高度关注国际贸易形势，高度重视对外贸易的发展，秉承高质量、高效率原则与外企合作，学习吸收发达国家的管理经验和生产技术，进一步提高了精细化管理水平、产业结构科学化水平和生产链专业化水平，中国在世界上的竞争力与影响力得到大幅提升。

三、有利于推动经济发展

改革开放以来，中国一直以对外开放的姿态融入世界，中国经济一直保持快速发展态势。新时期以来，中国更加坚定不移推进高水平对外开放，从设立经济特区到正式加入世界贸易组织，再到推动共建"一带一路"国家和建立自由贸易试验区等，对外开放的大门越开越大，中国对外贸易所带来的收益也越来越多，在经济发展中的比重较高，是推动中国经济快速发展的重要引擎。目前，中国的经济仍处于发展阶段，GDP保持持续增长的态势。中国的GDP从2019年的约98.65万亿元人民币增长到2022年的约121万亿元人民币。相关调查数据显示，中国在对外贸易方面的GDP可以实现2%—3%的增长。通过多年的发展，中国夯实了经济基础，逐渐完善了经济体系建设，提高了资本流通性，为对外贸易的发展提供了诸多帮助。国际贸易还提供了国与国之间资金划拨和结算的便利条件，使中国能够在世界范围内更加合理地调配资金余缺，增加了中国发展对外贸易的机会，推动了中国对外经济的发展。

2002—2020年，中国的年均出口增速是13.67%，年均进口增速是13.01%（见图4–5）。在此阶段，世界货物贸易的平均增速是6.38%。2009年，中国成为世界第一大货物出口国，2013年，成为世界第一大货物贸易国。2001年，中国货物贸易顺差规模是225.45亿美元，2020年已达到5239.9亿美元，增加22倍多。

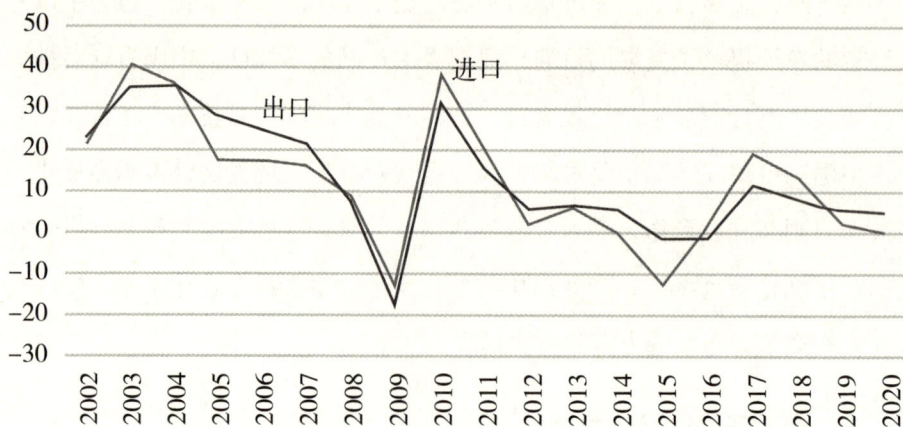

图 4–5　中国进出口金额增速图

数据来源：中华人民共和国海关总署官网

四、有利于推动科技创新

随着国际产业的转移和中国的改革开放，中国成为世界工厂；随着国际贸易的发展，中国成为西方发达国家对外贸易企业的代工厂，虽然产品附加值相对较低，但可以从一定程度上解决就业问题。促进经济发展。但从长远发展来看，只有科技创新才能提升中国的经济质量及发展水平。国际贸易全球化和科学技术的飞速发展，日益加深了市场的复杂化和竞争程度，国际市场的竞争变为生产力的竞争。从科技是第一生产力这个角度看，也就是科技的竞争，因此，科技创新是必然趋势。同时，自由贸易发展的瓶颈、阻力、痛点，甚至政治，反过来对贸易的发展提出新要求，促进技术的发展。

国际贸易不仅带来货物和资金的流动，还有技术、设备、管理等综合要素的转移。企业可以通过国际贸易学习发达国家的先进经验，不断利用先进的科学技术进行产品的研发和创新，提高产品质量，提高科技水准，增强自身的竞争实力，促进企业稳健发展；可以获得先进技术，弥补技术空白，使大批产品更新换代，实现企业的技术改造与升级；还可以获得先进的生产管理、质量管理、销售管理、人才管理、财务管理等一系列管理经验，从而大幅提高生产效率，提高经济增长质量，增强自主创新能力和国际竞争力；可以加快产业结构快速升级，中国从原来的服装、鞋类、箱包、皮革制品等劳动密集型加工产业转移到汽车制造、家用电器、办公用品、制药、化工、通信设备等技术、资本密集型行业。

近年来，中国经济水平得益于经济全球化的发展，正处于快速增长阶段。中国对外贸易不仅推动中国经济体系建设，也为经济全球化发展做出了应有贡献，也能在根本上体现出中国的经济发展实力。

第四节　国际贸易对中国的负面影响

国际贸易对中国产业结构的完善与竞争力的提升都是有着巨大帮助的，同时，由于国际贸易存在较大的波动性、贸易保护主义以及中国经济体系还不够完善等，国际贸易也对中国经济产生了一定的负面影响。如何把握机遇，迎接挑战，是决定中国经济发展走向的关键。

一、国内经济受国际贸易波动影响

各个国家之间的贸易量随着全球经济的发展不断增加。国际贸易容量大、互通性强、波动性大，如果出现问题，必然影响到合作国家的经济发展。现阶段中国的经济体制正处于不断建设和完善阶段，相关技术正处于研发攻坚关键时期，国际贸易波动会对中国的经济造成一定的负面影响。比如，贸易摩擦使中国的出口受阻，出口订单减少，贸易额有所下降，生产规模受到限制，直接影响到中国对外贸易经济的发展。如果问题严重，失去订单的企业可能不得不削减员工，加剧就业难度，进一步影响到消费市场的增长，从而影响中国整体经济的发展。再比如，某些国际企业出现通货膨胀时，就会想方设法以较低的价格将货物等交易到中国，直接冲击中国市场，中国为了减轻冲击，商品的价格也会随之降低，中国市场就会出现混乱，经济利益会直接受损，影响中国经济的稳定发展。

二、引入外企困难

国际贸易为中国经济的发展带来巨大利益，同时，也给中国经济造成很多压力。由于市场需求约束增强和成本水平提高，中国经济发展的环境和条件发生了深刻改变。虽然增长速度有所减缓，但经济增速换挡正在推动中国经济从"快"向"好"的新模式转变。虽然中国发展前景较为广阔，但很多经济发达国家更倾向选择综合能力强、潜力大的国际企业作为合作伙伴，这给中国引入外企造成很大压力。中国是全球制造业中心，与世界众多企业有着密切的合作关系。贸易摩擦破坏了供应链的确定性，中国不得不寻找新的合作伙伴或调整产业链布局，而这轻则影响到一些企业的经济效益，甚至使一些企业面临重大的经济危机，重则影响到中国国内的产业结构，使产业结构出现较大的波动。中国经济要发展，势必会增加对外贸易的需求，在国际贸易的负面影响下，如果不能及时地采取针对性措施，势必会导致外企引入困难等问题，不利于经济长期向好发展。

三、影响劳动密集型产业发展

作为世界上最大的发展中国家，中国在人力资源与物质资源上储备丰富。改革开放以来，中国形成了人力密集型产业模式，并得到了快速发展。世界科学技术的进步，以及中国人力成本的增加和某些技术水平的限制，再加上国际贸易壁垒的影响，无形中淡化了中国的产品优势，相关产业出现了转移，对中国人力密集型产业发展产生一定的制约。劳动密集型产业伴随着经济发展的全过程，随着生产机械化、自动化、数字化的发展，逐步由占主导地位阶段向占非主导地位阶段过渡。只有加快技术创新、加快人才建设、优化产业结构、强化产品研发，通过转变发展方式、完善体制机制，切实解决发展不平衡、不协调、不可持续的深层次矛盾，才能有效应对国际贸易的不利影响，从而形成经济增长的新常态。

第五章　国际贸易对环境的影响

国际贸易与环境保护是两个不同的领域，环境保护政策聚焦保护环境，旨在使环境保护产生更明显的效果，在执行环保相关政策时，不应受一些国际贸易政策的限制。国际贸易政策聚焦国际贸易发展，旨在使国际贸易更加自由化地发展，保护环境采取的必要贸易措施不应阻碍国际贸易的发展。国际贸易政策与环保政策对处理环境与贸易关系的出发点和侧重点有所不同，不可避免地使国际贸易与环境保护产生冲突。但这并不能阻止国际贸易的发展和环境保护工作的开展，两者在磨合中逐渐扩大了"同心圆"。

第一节　人们对于环境保护的态度

空气污染会导致呼吸系统疾病，水污染会影响身体健康，土壤污染会危害粮食安全，气候变化则会引发更加频繁和剧烈的自然灾害。因此，人类应该尊重自然和生命的价值，积极保护环境和生态系统，减少环境污染和气候变化，保护人类的健康和生命安全。同时，为子孙后代留下一个更加美好、繁荣和持续发展的未来，这是人类的责任和义务。任何一个国家或地区经济的发展都需要良好环境和资源的支撑，如果环境污染和资源浪费严重，将会使经济效益下降，社会财富流失，最终影响到人们的生活水平和幸福感。

环境问题是全球性的，需要国际社会共同合作，采取一系列措施来保护地球生态系统。但世界上各个国家的政策和执行情况不尽相同，有的国家从政策和执行上都非常重视环保；有的国家虽然有较为完善的环保政策和法律，但执行不力；有的国家从政策上就没有重视环保，更无法谈起执行。人们对清新空气和纯净水的需求是再正常不过的事情了，但有的国家认为只有当人均GDP达到足够水平时才有足够的财力控制污染。

1955年，诺贝尔经济学奖得主西蒙·史密斯·库茨涅茨（Simon Smith Kuznets）首次提出"环境库茨涅茨曲线"，指随着经济增长，收入不平等呈现出"先加剧、后改善"的态势。1991年，普林斯顿大学经济学家吉恩·格罗斯曼（Gene Grossman）与艾伦·B.克鲁格（Alan B. Krueger）首次对环境质量和人均收入的关系进行实证研究，研究发现：随着经济增长，环境质量与收入不平等一样，也呈现出"先加剧、后改善"的态势。学者们将其称为"环境库茨涅茨曲线"，认为其基本逻辑是，对于贫穷国家而言，它们根本没有机会在高污染和高收入之间做出权衡，因此这些国家具有很低的污染水平。随着经济开始增长，污染水平逐渐上升；一旦达到较高的收入水平，由污染所造成的健康损失就具有较高的机会成本，这使人们愿意花费更多的钱来消除环境污染，从而使环境质量得到改善。

一、希望严格的环保政策

当人们收入更高时，往往会敦促其政府制定更加严格的环保政策，以减少单位产品的污染排放量，总体上产生了对环境保护的正面影响。如果细化到每个指标还是有差别的。随着收入的增加，在空气中的重金属颗粒的浓度、水中铅含量、江河中溶解氧的密度、没有安全饮用水的人口比例、没有卫生设施的城市人口比例等方面是下降的（如图5-1），而人均二氧化碳排放量、人均垃圾是上升的（如图5-2）。

环境伤害

例如：
1. 城市空气中的重金属颗粒的浓度
2. 水中铅含量
3. 江河中溶解氧的密度
4. 没有安全饮用水的人口比例
5. 没有卫生设施的城市人口比例

人均国民收入

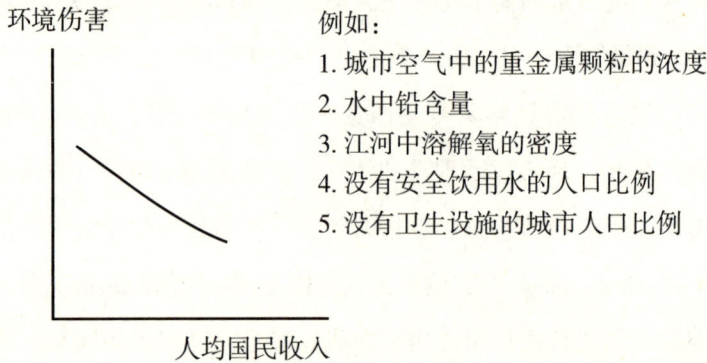

图 5-1　环境问题下降

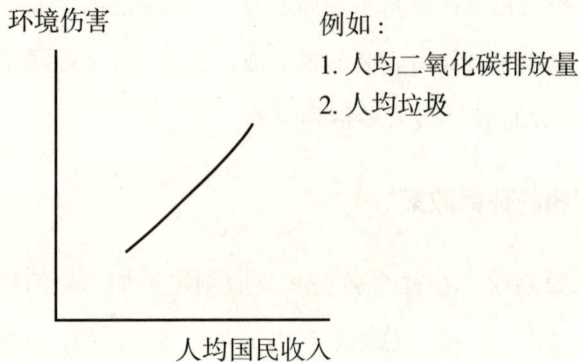

环境伤害

例如：
1. 人均二氧化碳排放量
2. 人均垃圾

人均国民收入

图 5-2　环境问题上升

二、接受一定程度环境污染

当人们还在贫困中挣扎时，他们对更好环境质量的需求较少。人们会更多地关注经济发展以应对匮乏的物资，首先要解决温饱问题，因此愿意接受一定程度的环境污染。随着经济的发展和社会的进步，人们已经远离了贫困的威胁，而此时的污染也随着经济活动的增加而不断增加且到达某一点时，人们开始关注环境污染对工作和生活造成的影响，对于环境质量要求的标准也就越来越高。随着收入的进一步增加和社会财富的不断丰富，政府就会根据人民的意愿和社会的发展出台和实施严格的政策法规，人民也愿意为环境保护做出更多的努力，环境质量得到了不断改善。此时，虽然生产和消费在不断增长，但环境污染也会不断减少，即形成倒U形关系（如图5-3）。

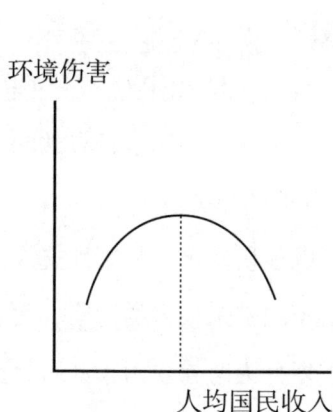

环境伤害

人均国民收入

例如（估算的转折点）：

空气中的污染物：

　　氧化硫（3000—10700 美元）

　　悬浮颗粒物质（3300—9600 美元）

　　氧化氮（5500—21800 美元）

　　氧化碳 （9900—19100 美元）

　　汽油中含铅量（7000 美元）

水污染：

　　排泄物中的大肠杆菌（8000 美元）

　　砷（4900 美元）

　　生物氧的需求（7600 美元）

　　化学氧的需求（7900 美元）

图 5-3　倒 U 形关系

第二节　国际贸易对环境的影响

国际贸易与环境保护并不是对立的。国际贸易可能使全球碳排放量增加3.3%，但这只是全球碳排放量增加的一小部分，化石燃料是温室效应气体排放的主要源头。从国际贸易角度来看，取消环境保护等所有贸易障碍，更加有利国际贸易快速发展；从环境保护角度来看，某些环境保护控制国际贸易的发展"过犹不及"，如果贸易自由化放任自流，会使生态环境遭受严重的破坏。

国际贸易对国际环境的影响，一般是指国际贸易对国际环境造成的负面影响。比如，一个国家的对外贸易活动造成了他国土壤、空气和水源的污染等；或者大量消耗其他国家赖以生存的某种资源，严重破坏生态平衡；或者将环保标准不高的商品转移至环保标准不严格的国家，导致全球污染进一步恶化。

一、跨境污染

国际贸易飞速发展的同时，全球也面临着酸雨、废气、沙尘、雾霾、污水等跨界污染。跨界污染，也称"跨界损害"，是指在起源国以外的一国领土内或其管辖或控制下的其他地方造成的损害。不论有关各国是否有共同边界。有学者认为，其定义应包括对"全球公域"环境的损害。

大自然的风和水无国界。一国的环境污染可以很快甚至很频繁地造成另一国的环境和经济危机。一国很多行为不仅会给本国带来损害的污染，而且会给周边其他国家带来影响。跨界污染大体可以划分为跨界水污染和跨界空气污染。跨界水污染又可分为跨界淡水污染和跨界海洋污染。还有高科技的开发和利用产生的污染。跨境污染有时多种形式并存。

特雷尔冶炼厂跨国空气污染案件。1896年，距离美国边界十余公里处的加拿大特雷尔冶炼厂开始生产锌和锡，到20世纪20年代中期，该厂成为北美最大的冶炼厂。到1930年，每天由该冶炼厂排出的SO_2约为600—700吨。大量的废气越过加美边界排放到华盛顿州，不仅污染了空气，而且给当地的农作物、森林、草原等带来巨大损害。

美国华盛顿州的私人方面曾多次向加拿大索赔，但事情一直没有得到圆满解决。1935年4月5日，美加签署特别协议，决定组织仲裁庭解决此项争端。特雷尔冶炼厂仲裁案分两次裁决。

在1938年的第一次裁决中，仲裁庭判定冶炼厂的烟雾对华盛顿州造成了损害，并裁决加拿大应支付7.8万美元作为美国要求的自1932年1月1日至1937年10月1日特雷尔冶炼厂对美国土地造成的损害的"完全的和最后的补偿和赔偿"。裁定还宣布采取保全措施，要求特雷尔冶炼厂直至1940年10月1日避免造成损害，命令为此实施临时制度，提供必要的资料以便建立一个有效的永久制度，且在过渡期间避免发生进一步的损害行为。

特雷尔冶炼厂仲裁案是历史上第一件有关跨国空气污染的案件，1941年第二次裁决时，仲裁庭提出了一项重要声明："根据国际法以及美国法律的原则，任何国家都没有权利这样利用或允许他人这样利用其领土，以致让烟雾在他国领土或对他国领土上的财产或生命造成损害，如果已产生严重后果并且那已被确凿证据证实的话。"现在，这一结论已成为国际环境法上的经典论断，并为许多国际环境条约和国际事件所确认。

墨西哥和美国过境污染案件。20世纪60年代，墨西哥和美国政府为了减少或免受工业污染的危害，鼓励在美墨边境以南发展工业，建成几千个免税加工厂，不用交关税或者不受配额限制，生产的产品经过组装可以直接进入美国，但这一做法的环保效果很不理想。边境几千个免税加工厂由于缺少基础设施，没有有效的垃圾处理方法，缺乏干净饮用水，生产生活环境差。没有分类的有害废物和未处理的污水等，对土壤、空气、河流等造成了污染，墨西哥北部烧煤的电厂对德克萨斯州的空气造成严重污染，墨西哥没有处理的污水流向美国的主要用水来源——格兰德河。

20世纪80年代末90年代初，美国将与其他国家签订的对外贸易协定视为对人类环境质量具有重大影响的重要行动。1994年正式生效的《北美自由贸易协定》是当今世界上第一个将环境保护和促进可持续发展内容写入条款的国际贸易协定，该协定提倡美国和墨西哥政府就国际贸易、环境保护等问题进行合作的精神，然而两国仍然在环境质量问题的重要性上意见不一，处理方式方法也不相同。从美墨两国边界的环境问题中，我们可以看到处理跨界污染是个重大的挑战。

高科技跨境污染案件。比如，苏联切尔诺贝利核电事故、美国三里岛核电事故以及2011年的日本福岛核泄漏事故等，对多国环境造成了重大损害。

由于现代生物技术的不可预见性，特别是其目前对人类和环境已造成的不可逆损害和存在的潜在灾害性影响，给人们敲响了警钟，引起了各国政府、专家、普通民众和环保组织的高度重视。比如，转基因生物具备普通生物不具备的优势特征，如果释放到环境中，会改变原有物种竞争关系，严重破坏原有自然生态平衡。如果有人利用基因重组技术，把几种有害基因一起转移，制造出生物战剂用于战争或恐怖活动，其危害性更是难以预料，对环境的损害是难以估量的。

二、规模污染

随着国际贸易规模的扩大，假设其他条件不变，生产和消费与污染成正比例关系，也就是说生产和消费的增加造成的污染也不断增加，规模经济效应给环境带来的是负面影响。国际贸易使消费者可以选择在全球消费，因此消费者有了更多的消费选择。但人们在享受高质量生活的同时，因更多的消费而导致了新污染。包装污染、残余污染、废弃污染成为目前消费污染的三大污染源。

改革开放以后，外国资本对中国的发展做出了贡献，但主要外国资本和中国廉价的劳动力和土地的结合，外国资本的收益很大，中国通过资本积累和西方技术扩散等方式得到了发展，但所付出的各方面的代价也是沉重的，尤其环保方面。从中国进出口总额、出口总额与工业"三废"排放量变化趋势（图5-4）可发现进出口总额、出口总额与中国"三废"数据存在总体同步增长态势。

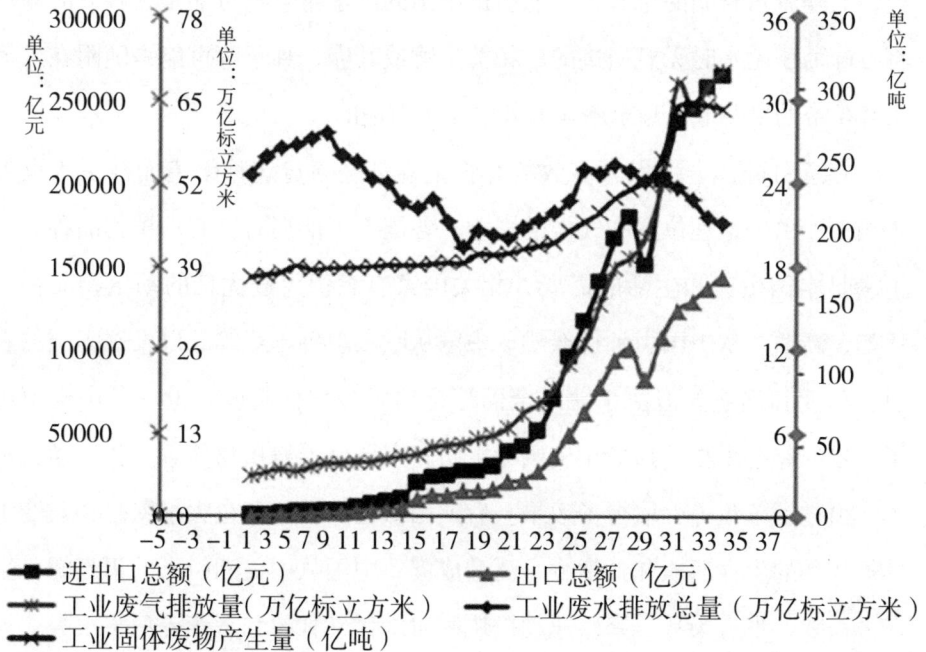

图 5-4　中国进出口总额、出口总额与工业"三废"排放量变化趋势

理论认为，当生产规模扩大时，开始规模经济阶段，如继续扩大生产规模，超过一定限度后，会产生各种不利影响，使同一产品的单位成本小于原生产规模的，从而形成规模不经济。规模不经济（Diseconomies of Scale），指边际效益随着企业生产规模的扩大而逐渐下降，甚至跌破零，成为负值。规模不经济可分为内部不经济和外部不经济两种。

三、生物入侵

随着国际贸易的多元化、多边化发展，生物入侵所引发的生物灾害和生物安全问题频繁出现，已引起各国高度重视。生物入侵可能是无意引进产生的，也可能是有意引进产生的。

无意引进，主观上并没有引进的意图，非刻意为之。而是在国际贸易、海轮进出或入境旅游时不经意间被引入的。比如，"松材线虫"就是在进口设备时随着木材制的包装箱无意引进中国的。水生生物可能是在释放海轮数百万吨的压舱水时无意引进的。相关生物或其卵、种子等可能是随附在入境旅客携带的果蔬上，甚至旅客的鞋底无意引进的。

有意引进，全世界大多数的有害生物都是通过这种渠道而被引入世界各国的。由于地理位置和气候的影响，各国不可能拥有所有动植物品种。为了满足本国生产和生活的需要，相关国家有意识引进优良的动植物品种。比如，新西兰从中国引种猕猴桃、中国从欧洲引种土豆等，以发展本国的农业、林业和渔业。但由于缺乏全面综合的风险评估制度，世界各国也引进了大量的有害生物。1963年美国为了防止水体中浮游植物肆意生长、净化水体，引进了草鱼等，取得了效果。后期因缺乏天敌，草鱼大量繁殖，改变了其他物种的生存环境和食物链，泛滥成灾。中国从中美洲引入的福寿螺，生存力极强，没有天敌，繁殖速度极快，对水稻、甘薯和蔬菜等危害很大，被禁止养殖。外来物种入侵已成为多样性丧失、物种灭绝的重要原因。根据国际自然资源保护联盟提供的数据，目前全球濒临灭绝危险的野生动物共有10954种，全球鱼类的1/3，哺乳类的、鸟类的、爬行类的1/4，都已高度濒危，如果照此速度发展到2100年，地球上1/3到2/3的植物、动物以及其他有机体将消失，这些物种大规模死亡的现象和6500万年前恐龙的消亡差不多。

以中国为例，目前入侵的外来物种有400多种，其中危害较大的有100余种。在世界自然保护联盟公布的全球100种最具威胁的外来物种中，就有50余种。外来有害生物入侵在中国，仅因烟粉虱、紫茎泽兰、松材线虫等11种主要外来入侵生物每年给农林牧渔业生产造成的经济损失就达574亿多元。近年来，随着中国木材需求的不断加大，进口量增长较快，如果原木输出国除害处理后的标准没有达到规定要求，进口原木携带各类有害生物的风险很大。

另外，可能通过空气和水体流动或由昆虫鸟类的传带，使植物种子或动物幼虫产生生物危害，这称为自然入侵。

四、生产性污染

国际贸易要进行商品交换，就要生产商品，在生产商品的过程中就造成了一定的污染，称为生产性污染，即指工业或农业生产过程中形成的废气、废水和固体排放物对环境的污染。这类污染主要是由生产过程中产生的废水、废气、废渣（简称"三废"）及各种噪声造成的。

不同的污染密集度和产业结构布局给环境带来不同的影响，那些在污染行业具有比较优势的地区，贸易越开放越会增加环境的污染。自由贸易下国际更加公平开放，竞争也就更激烈，再加上资本的逐利性，资本流动更自由，由于发展中国家环境标准相对较低，产品成本相对较低，因此资本大量涌入发展中国家。而发达国家为了获取更多的利益，防止资金外流，也降低环境标准，结果造成了全球的环境标准整体下降，加剧了全球的环境污染。

五、流通性污染

交通运输污染源是指对周围环境造成污染的交通运输设施和设备，以发出噪声、引起振动、排放废气和洗刷废水、泄漏有害液体、散发粉尘等方式污染环境。

流通性污染是指在运输进出口货物时对环境资源造成的影响。从运输工具方面看，船舶在运输进出口货物过程中产生了含油污水、生活污水、船舶垃圾等污染，有时也产生粉尘、化学物品、废气等，除污染城市环境外，还对河流、湖泊、海域构成威胁。汽车运输时，产生了汽车噪声、汽车尾气污染，燃油蒸发污染，曲轴箱污染等，其中汽车尾气污染是大气污染物的主要来源之一，也是汽车环境保护的重要项目之一。飞机带来的污染主要是燃料燃烧产生的尾气，还有噪声污染、燃油蒸发污染等。从运输货物方面来看，在运输石油和石油制品以及剧毒有害货物时，因泄漏或蒸发而造成污染。从基础设施方面来看，建设码头、公路、铁路等，使海岸资源、土地资源和深层土壤结构等受到破坏。另外，运输工具燃料的采集加工、运输设备的制造等带来的资源开发利用在一定程度上破坏了生态环境。

六、环境殖民主义

发达国家的环保政策通常比发展中国家的严格。在稳定或降低本国碳排放量的同时，发达国家通过大国优势和不合理的国际经济旧秩序，利用国际贸易将排放压力转移到外部。

全球贸易自由化使发达国家将高污染产业通过对外直接投资转移至发展中国家，加剧发展中国家环境恶化；发展中国家为了增强国际竞争力，也接受这些污染产业，高耗能、高污染的产业呈现向发展中国家集中的趋势。这些产业对自然资源依赖性大，为了获得更多的利益，必然对其国内资源进行高强度甚至掠夺性的开发。自然资源大多数是不可再生的资源，即使可以再生，其周期也相当长。高耗能、高污染产业的发展可以说是用破坏生态和污染环境换来的，代价高昂。而发达国家并不考虑环境资源的价值，以低于实际资源价格的市场价格购买初级产品用于生产，消耗其他国家赖以生存的资源。

如果非正常使用环境保护机制，也会限制国际贸易的发展。比如，披着环境标准外衣，征收环境进口附加税，实施绿色壁垒；采用强制性措施，限制或禁止进口产品的生产制造方法不符合本国的环境要求；采用环境贸易制裁，对另一国违反国际条约采取强制性贸易制裁措施；等等。

第三节　减少国际贸易对环境影响的举措

环保是一种态度，更是一种行动。为了创造更美好的环境，我们必须采取果断的措施，改变目前快速消耗自然资源和排放污染物的不良行为，从认识、机制、技术和产业结构等多个方面，采取针对性的措施，从政府、企业、环保组织等多个层面共同推进，妥善理解和处理好国际贸易与环境保护间的关系。

一、以国际绿色贸易引领发展

国际经济和贸易中存在的环境问题，要围绕着宣传渠道、宣传机制、宣传内容三个方面，通过电视、互联网等人们喜闻乐见的平台，加大环境教育宣传，特别是提高经济和贸易企业、政府部门等领导层的环境认识水平。因为领导层的影响力强，环境意识和行为将直接影响该地区、行业的环境发展质量。有针对性地提升领导层的综合决策水平及环境保护意识后，能够以环保思想指导经济和贸易过程中的保护环境行为，大力推进地区绿色贸易的发展。在对生产企业和企业决策者进行环境教育时，要不断强化环境成本等间接成本意识，不断评价经济行为对环境产生的影响，加速生产模式转变，将传统生产方式转变为环保生产方式，为绿色贸易提供保障。教育促使消费者养成良好的生活习惯，主动选择有利于环境发展的商品，摒弃传统的大量消费、大量废弃的生活模式，走出一条高质量、可持续发展的道路。发达国家把污染转移到了其他国家，进口了没有环境污染的产品，虽然从一国或地区的角度看碳排放量下降了，但给整个地球生态带来的负担并没有减轻，所以它们需要承担更多的责任。解决污染问题，只能走环境友好型、资源节约型经济社会发展道路，"绿水青山就是金山银山"。

二、完善环境保护机制

建立健全环境保护管理制度、责任体系和审核机制等，完善环境保护机制体系，引导企业按照规范、合法的方式履行环境责任，加深公众生态保护的参与程度，健全监督机制，搭建沟通渠道，建立信息共享平台，形成关心、支持、参与生态保护的良好氛围，促使环保事业更加有秩序地健康发展。

污染是强加给那些对环境污染没有发言权的人的一笔额外的成本，因其具有的外部性会导致市场低效率运行，政府及相关机构就要根据"对症原则"制定指导政策，预防为主，遏制污染源头，降低污染成本，提高市场效率。借鉴成功经验，加强国内外相互合作；充分发挥政策的引导性，确保法律的强制性，妥善处理好贸易与环保之间的关系，促进贸易政策与环境措施的兼容。

世界贸易组织促进贸易自由化，也特别关注环境保护。其中两条有关自由贸易的环境例外陈述如下。

本协定规定必须符合以下要求：协定不得在情况相同的国家之间构成武断或者不合理的差别待遇，或构成对国际贸易的变相限制。

首先，为保护人类、动植物的生命安全或健康所必需的措施；

其次，与国内限制生产和消费的措施相结合，为有效保护可能耗竭资源的有关措施。

《濒危野生动植物种国际贸易公约》《蒙特利尔议定书》使用贸易禁运的方式，迫使那些没有签署该协定的国家签约。环境保护是一个全球性问题，不仅每个国家都要制定严格的环保政策，还要加强合作，全球的环境才能大为改善。然而每个国家对环保的认识水平、环保标准的制定以及生活水平等不一样，要达成这样的全球性协议可能会很困难。《京都议定书》1997年年底达成，2005年生效，但美国、澳大利亚拒绝签署，发达国家没有达到其目标，发展中国家1990—2010年期间排放量急剧增加了64%，《京都议定书》名存实亡。

2015年12月，世界大多数国家签署了《巴黎协定》，旨为加强对气候变化威胁的全球应对，把全球平均气温较工业化前水平升高控制在2摄氏度之内，并为把升温控制在1.5摄氏度之内而努力；全球将尽快实现温室气体排放达峰，21世纪下半叶实现温室气体净零排放，并于2016年11月生效，有近200个缔约方。2017年6月，美国宣布退出应对气候变化的《巴黎协定》，并在2020年11月4日正式退出；2021年2月19日，美国正式再度成为《巴黎协定》缔约方。

欧洲气候法将实现到2030年将欧盟排放量至少减少55%的欧盟气候目标列为一项法律义务。欧盟国家正在制定新的立法以实现这一目标，并在2050年之前使欧盟实现气候中和。Fit for 55一揽子计划是一套修订和更新欧盟立法并实施新举措的提案，旨在确保欧盟政策符合理事会和欧洲议会商定的气候目标。2023年10月起，欧盟碳边境调节机制（Carbom Border Adjustment Mechanism，CBAM，又称"碳关税"）试运行，以应对气候变化和防止碳泄漏。欧盟也将成为全球第一个征收碳关税的经济体。中国作为发展中大国、第二大经济体、第一大贸易国主动承诺2030年碳达峰，2060年碳中和。

由于《巴黎协定》是各国承诺提供"国家自主贡献"，因此更多是依赖同行压力、信息交流以及当前和未来各国政府的诚意。

三、减少生产性污染

国际贸易给东道国带来了先进的技术和管理经验，也使其了解国际环境标准及国外消费者的环境偏好，借此可以改变生产方式，推动改善环境治理、加强环境保护措施和提高环境标准。绿色经济、可持续发展等理念，已经成为出口型企业的共识。

随着不可再生资源的匮乏和环保意识的增强，传统初产品的占比逐步减少；随着科技的进步和人们生活需求的提高，一些科技含量较高的工业成品占比不断提高，绿色贸易也呈现不断地增长和强化态势。要加快由传统的粗放型增长方式向集约型增长方式的转变，出口贸易的产品企业要进行技术变革、清洁生产，提升产品质量，开展绿色贸易，逐步提高高新技术产品和绿色产品的比重。

企业把更多的精力投入与环保相关的工作中，更多地使用比较环保的运料、应用比较环保的技术来进行生产，环保标准更高符合发达国家的生产标准，满足发达国家的需要，产品的销路更广、销量更大。出口型企业生产规模不断扩大，发展水平得到进一步提升，经济效益不断提高，相应的税收也不断增加，为政府部门开展环保工作提供了更多的资金支持，反过来又进一步加强了环境保护，从而形成良性循环发展态势。

20世纪90年代以来，发达国家为了保护本国企业的利益，强化、滥用反倾销进行歧视性限制，贸易摩擦不断增加，对国际贸易的影响很大。面对国际贸易保护主义趋势，要坚持多边主义，加强国际合作，"东方不亮西方亮"；要促进本国产业的竞争力和创新能力的提高，从而更好地应对全球贸易的竞争；要积极开展服务贸易、数字贸易等，创新贸易新业态，为国际贸易的可持续发展夯实基础。

四、减少流通性污染

（一）优化运输工具

国际货物运输是国际贸易中不可缺少的一个重要环节。国际货物运输包括海洋运输、陆上运输、航空运输、江河运输、邮包运输等方式。其中，海洋运输是最主要的运输方式，其运量占国际货物运输总量的80%以上。关于船舶，为保证国际贸易货物海洋运输的安全及防止运输过程中产生更多的环境污染，国际海事组织第十八届大会通过了《国际船舶安全营运和防止污染管理规则》（简称"ISM规则"或"国际安全管理规则"）。ISM是"International Safety Management"的英文简写。ISM规则英语全名是"the International Management Code for the Safe Operation of Ships and for Pollution Prevention"，它是由国际海事组织（International Maritime Organization, IMO）第十八届交流会，自1998年7月1日起逐渐实施，自2002年7月1日起全方位实施的世界海事局规则。关于货车，欧盟委员会提议修订有关汽车和货车CO_2排放的规则。该提案提出了更高的2030年全欧盟减排目标，并为2035年设定了100%的新目标。从2035年起，将不再可能在欧盟市场上投放配备内燃机的汽车或货车。关于飞机，2023 年，维珍航空一架波音 787 飞机将从伦敦希思罗机场飞往纽约肯尼迪机场，成为全球首个仅使用可持续航空燃料（Sustainable Aviation Fuel，SAF）、达成净零碳排放的跨大西洋航班。该飞机获得了英国政府的资助，英国罗罗、伦敦帝国理工学院、谢菲尔德大学、美国飞机制造商波音、美国非营利组织落基山研究所（Rocky Mountain Institute，RMI）也参与其中。与传统的化石航空燃料相比，该飞机所使用的可持续航空燃料可以减少 70% 以上的生命周期碳排放。该飞机飞行使用主要由废弃油和脂肪制成的可持续航空燃料，如用过的食用油。英国政府指出，可持续航空燃料不仅将成为航空业脱碳的关键，预计到 2040 年，英国将其创造成一个年营业额达 24 亿英镑的英国产业，到 2035 年将创造多达 5200 个工作岗位，并支持在 2050 年实现航空净零排放。

国际航空运输协会在2021年时通过决议，全球航空运输业将于2050年实现净零碳排放，并预计实现2050年净零碳排放所需的减排中，65%来自可持续航空燃料。"目前可持续航空燃料的生产成本是传统航煤的3倍至4倍。在航空公司亏损的背景下，要大规模使用成本较高的可持续航空燃料，缺乏动力和强制力。"

（二）优化运输模式

国际货物运输方式很多，并且具有线长、面广、中间环节多、时间性强、情况复杂多变、风险较大等特点。因此，合理选择与运用合理的运输方式对于按时按质按量完成货物运输、顺利履行合同和环境保护都具有重要意义。国际多式联运就是其中之一，多式联运是指将公路、铁路、航运、管道等运输方式中的两种或以上有机地结合在一起，通过协调、转换和衔接等方式，形成高效、便捷的综合运输体系，以满足货物运输的需要。这种运输方式具有产业链条长、资源利用率高、综合效益好等特点。

铁水联运是多式联运中的重要一种。作为主要的交通运输方式，铁路和水路均有运量大、成本低、绿色低碳的特点，也分别拥有自己的优势。铁水联运可以将二者的优点结合，进一步发挥水路、铁路运输比较优势和综合运输组合效率，推动沿海和内河港口集装箱、大宗货物等运输高质量发展。以2017年中国开通的"渝桂新"（重庆—广西钦州—新加坡）海铁联运班列为例，其将内陆城市与沿海地区紧密地联结在一起，成为推动地区互联互通的重要力量。几年来，沿线城市交通物流行业实现高速发展，为沿线地区的经济社会发展注入了活力。从数据看，西部陆海新通道铁海联运班列开行数量持续攀升，年增速全国领跑，从2017年的178列增加到2022年的8800列，增长48倍，盘活了西部地区交通与物流产业的存量资源，带动了物流和贸易的增量市场。"一次委托、一单到底、一次结算、一次保险、全程负责"的"一单制"多式联运服务模式进一步助推国际多式联运模式的发展。

国际贸易和环境保护是社会进步、文明发展的两个重要因素，都具有十分重要的意义，你中有我，我中有你。不兼顾环境保护的国际贸易和不兼顾国际贸易的环境保护，都是极端思想和行为，只有平衡兼顾，才能实现双赢，才能推动国际贸易和环境可持续发展。

第六章 国际贸易发展趋势

世界各国秉承全球化多边发展战略，与其他国家开展广泛、深入的经贸合作，提高资源利用效率，增进国家间技术交流及全球技术创新，推动国际贸易不断发展；同时，各个国家经济发展水平和结构不尽相同，文化习俗、法律法规也存在明显差异，还有贸易保护主义和战争等的影响。这些因素既是国际贸易的挑战，也是国际贸易可持续发展的动力。全球化是趋势，是潮流。

第一节 国际贸易保持增长态势

世界经济继续保持增长态势，国际贸易不断增长是社会进步的必然，同时，相对和平的国际环境也为国际贸易的增长提供了保障。近几年，贸易摩擦、俄乌冲突等冲击，使整个世界经济和全球贸易的发展遇到了很大问题，但国际贸易依然保持增长态势。

联合国贸易和发展会议（United Nations Conference on Trade and Development, UNCTAD）发布数据显示，2021年全球贸易额达28.5万亿美元，创历史新高，比上年增长25%。其中，全球货物贸易额和服务贸易额分别为22.4万亿美元和6.1万亿美元。2022年，全球贸易总额为32万亿美元，创下历史新高。其中，全球货物贸易总额为25万亿美元，同比增长约10%；全球服务贸易总额为7万亿美元，同比增长15%。世界贸易组织称，2023年全球贸易增长仍将低于平均水平。

第二节　数字贸易方兴未艾

互联网使供应商更容易发现需求并与之取得联系，使消费者有更多的选择满足需要，通过数字化交付等，可以提供远程、有效的服务，推动贸易更多地发生在数字产品、设计和数据的跨境流动中。数字贸易是一种新兴贸易形态，目前各国政府、学术界和企业对数字贸易的定义尚未取得共识，没有形成统一的概念框架。一般认为，数字贸易是指以数字技术为驱动，以数字平台为载体，以数字订购和数字交付为主要形式，以高度依赖数据跨境流动为主要特点，主要包括数字货物贸易、数字服务贸易和数据贸易三种形式。

一、数字货物贸易

数字货物贸易，是以实物为主要标的，以信息通信技术为手段，推动传统货物贸易方式升级改造，主要交易对象包括数字硬件货物的贸易和跨境电子商务。跨境电子商务是数字贸易发展的阶段性结果呈现，平台服务从最初的信息展示发展成为企业提供海外推广、网络营销、海关通关的交易支持、交付结算、信用体系建设和纠纷处理等一站式综合服务，形成与之对应的跨境电子商务零售（business to custom，B2C）物流模式，涵盖国际贸易的各个环节和领域，实现整个贸易活动的信息化。

二、数字服务贸易

数字服务贸易，是采用数字技术进行研发、设计、生产，并通过互联网和现代信息技术手段，为用户交付的产品和服务，是以数字服务为核心、数字交付为特征的贸易新形态。主要包括软件、社交媒体、搜索引擎、通信、云计算、卫星定位等信息技术服务，数字传媒、数字娱乐、数字学习、数字出版等数字内容服务，其他通过数字交付的离岸服务外包三大类。

三、数据贸易

数据贸易，是数据信息资产本身的流动交换，如工业互联网、智能制造服务、物联网等全球价值链的数据流平台不断生成数据并将其发送到处理中心，大量数据被广泛应用于研发、生产、运营、服务等价值链环节。交易对象主要包括互联网数据服务贸易、云数据服务贸易和数据跨境流动等。

随着全球范围内网络普及率的提升、物联网的推广使用、信息通信技术的快速发展和传统贸易的深度融和，数据资源呈爆发式增长，数据资源及其处理和应用促进了数字经济发展；依托5G、大数据、人工智能和区块链等数字技术，高效整合配置了劳动力、技术和资本等资源；进一步优化了上下游供应链，消费者、中间商、供应商、制造商、平台、金融机构、行业联盟、海关等形成一个庞大的"生产服务＋商业模式＋金融服务"生态圈；无论何时何地，无论生产者、消费者、中间商，只要借助数字技术，即可搭建高效的全球网络空间，面向全球市场提供或消费产品和服务，数字贸易得到了创新发展，企业纷纷转向电子商务平台、在线市场和数字支付系统来接触全球客户和供应商。数字贸易和电子商务的便利性以及降低成本的有效性，使企业积极开展数字贸易，因此，数字贸易必将进一步发展壮大。

2016年，在二十国集团（Group of 20，G20）会议上，中国首次提出将"数字经济"列为G20创新增长蓝图中的一项重要议题，与韩国、俄罗斯、印度尼西亚等8个"一带一路"沿线国家签署了《二十国集团数字经济发展与合作倡议》，为世界经济创新发展注入了新动力。2017年，在第四届世界互联网大会上，中国、老挝、沙特阿拉伯、塞尔维亚、泰国、土耳其、阿联酋等国家相关部门共同发起了《"一带一路"数字经济国际合作倡议》，拓展了数字经济领域的合作。亚太经济合作组织（Asia-Pacific Economic Cooperation，APEC）21个正式成员中已有13个成员与中国签订"一带一路"

合作文件，并发起数字经济合作项目开展合作。

商务部国际贸易经济合作研究院发布的《全球数字贸易发展趋势报告2022》对全球37个主要经济体数字贸易发展水平进行了全面综合评估。中国数字贸易发展总得分48.2，远高于全球平均值，在37个经济体中排名第四。数字服务贸易部分，中国2015年是2000亿美元，2022年是3780亿美元，增长速度非常快，增长率达89%。展现了中国在数字服务贸易领域，还有巨大的增长潜力和空间。

根据世贸组织经济学家的模拟计算，从2021至2030年的10年，数字技术的应用将使全球贸易每年增长2%，将使发展中国家的贸易每年增长2.5%。目前，全球50%以上的服务贸易实现数字化，12%以上的跨境货物贸易实现数字化。预计今后10—15年全球货物贸易、服务贸易分别以2%、15%左右的速度增长，数字贸易以25%左右的速度高速增长，并将形成三分之一货物贸易、三分之一服务贸易、三分之一数字贸易格局。

商务部国际贸易经济合作研究院在2023全球服务外包大会（南通）峰会暨南通数字贸易创新发展峰会期间发布了《全球数字贸易发展趋势报告2022》。报告认为，当前全球数字贸易呈现九大发展态势。一是数字贸易成为促进国际贸易复苏的重要引擎。二是数字贸易呈现一超多强发展格局。三是数字平台企业正在推动全球产业与贸易格局深刻变革。四是跨境电商助推国际贸易融合发展。五是数字技术赋能拓展数字贸易边界，成为拉动数字贸易增长的核心引擎。六是以影视动漫、数字游戏、互动娱乐、数字典藏等为代表的数字内容服务发展迅猛。七是数据信息流动拓宽数字贸易渠道，带动了数字贸易的蓬勃发展。八是数字赋能传统服务贸易加速转型，催生了诸多新型数字贸易业态。九是全球数字贸易治理体系加速演进，典型经济体数字贸易治理博弈激烈。

第三节　区域经济一体化更加活跃

区域经济一体化，即两个或两个以上的国家（地区）为了消除商品、要素、金融等人为因素的分割和限制，以国际分工为基础，以提高经济效率并获得更大经济效果为目标，通过协商、缔结经济条约或协议，实施统一的经济政策和措施，使相关方的经济融合形成一个区域性经济联合体的过程。

区域性经济合作组织结成了更加紧密的联盟，实现了经济一体化，能够降低成员国的风险，提高抗击风险的能力，减轻了国际贸易化的竞争压力，世界贸易组织的建立代表着全球经济一体化，但是在世界贸易组织建立前后有众多的区域经济一体化和各种区域组织。尤其2008年金融危机以后，全球经济发展疲软，各经济体恢复乏力，成效不明显，经济前景不乐观，许多国家为了自身利益的最大化，同时为了能够在国际贸易中取得更多的优势，纷纷"抱团取暖"，消除区域经济共同发展的障碍，优化了资源配置，互利互惠，协调发展，不断加强区域性的合作进程和力度。

欧盟、亚太经合组织等实质上是一种区域性的一体化经济组织。20世纪90年代以来，全球区域经济一体化组织数量不断增加，形式不断创新，区域化经济呈现出了多元化、自由化等特点，对于世界经济的发展产生了积极影响。在WTO成立之前，全球每年成立3—4个区域经济合作组织，而在WTO成立之后，全球每年成立的区域经济合作组织数不少于15个。在近些年的发展中，国际贸易呈现出区域化发展趋势，并签署了相关协定。

比如，《区域全面经济伙伴关系协定》（Regional Comprehensive Economic Partnership，RCEP）是一份全面、现代、高质量、互惠的自由贸易协定（Free Trade Agreement，FTA）。RCEP的签署以东盟为中心，整合东盟与中国、日本、韩国、澳大利亚、新西兰五国"东盟＋1"自贸协定，最终推动形成更为广域的一体化进程。RCEP体量大，总人口占世界人口的三分之一，经济体量占全球总量的三分之一，贸易总额占到世界贸易总额的三分之一；RCEP的高标准经贸规则体系，涵盖领域广，包括了关税减免、贸易便利化、服务投资开放、商务人员往来、电子商务和知识产权保护等多个方面。亚太将成为全球最大的自贸区。2022年1月1日RCEP生效后，15个成员国区域内90%以上的进出口货物立刻降税到零和10年内降税到零，区域内累计价值超过40%的原产地标准将催生新的贸易增量。这必将进一步做大亚太区域的"蛋糕"。

非洲大陆自由贸易区（African Continental Free Trade Area，AfCFTA）2021年1月1日正式启动，成为覆盖12亿人口、GDP合计2.5万亿美元的非洲单一市场。它克服市场碎片化等因素影响，增加非洲内部贸易，同时，通过规模经济效率提高非洲国家产品的效率和竞争力，可促使非洲国家的生产和出口从初级产品向高附加值和工业制成品转变，推动非洲国家出口多样化和工业化发展，提高在全球价值链中的地位。在西方看衰"全球化"，并开始"逆全球化"的当下，非洲大陆自由贸易区的建立彰显了非洲国家对全球化发展的信心。

区域贸易协定（Regional Trade Agreement，RTA）是指两个或两个以上的国家，或者不同关税地区之间，为了消除成员间的各种贸易壁垒，规范彼此之间贸易合作关系而缔结的国际条约。这些协议旨在通过减少关税、扫除贸易屏障和鼓励投资等措施，加强成员国之间的贸易往来和经济合作，减少参与国之间的贸易壁垒，它们有可能重塑全球贸易格局。目前，全球区域贸易额占世界贸易额的一半以上。未来几年，我们可能会看到更多国家就区域贸易协定进行谈判，以确保进入主要市场并促进经济增长。区域经济一体化组织可分为以下几种形式。

一、优惠贸易安排

优惠贸易安排（Preferential Trade Arrangement，PTA）是区域经济一体化中最低级和最松散的组织形式。成员方之间通过贸易条约或协议，规定了相互贸易中对全部商品或部分品的关税优惠，对来自非成员方的进口商品，各成员方按自己的关税政策实行进口限制。如第二次世界大战前建立的"英联邦特惠制"及战后建立的"东南亚国家联盟"等。

二、自由贸易区

自由贸易区（Free Trade Area，FTA）指签自由贸易协议的成员方相互彻底取消了在商品贸易中的关税和数量限制，使商品可以在各成员方之间自由流动。但是，成员方仍保持各自对来自非成员方进口商品的限制政策。最典型的自由贸易区是北美自由贸易区。

三、关税同盟

关税同盟（Customs Union，CU）是指成员方之间彻底取消了在商品贸易中的关税和数量限制，使商品可以在各成员方之间自由流动。另外，成员方之间还规定对来自非成员方的进口商品采取统一的限制政策，关税同盟外的商品不论进入哪个同盟内的成员方都将被征收相同的关税，如早期的欧洲经济共同体和东非共同体。

四、共同市场

共同市场（Common Market，CM）是指成员方之间不仅在商品贸易方面废除了关税和数量限制，而且对非成员方商品进口征收共同关税，还规定了生产要素（资本、劳动力等）可在成员方之间自由流动。例如，欧洲共同体在1992年底建成了统一大市场，其主要内容就是实现商品、人员、劳务、资本在成员方之间的自由流动。

五、经济联盟

经济联盟（Economic Union，EU）是指成员方之间除了商品与生产要素可以自由流动及设立共同对外关税之外，还要求成员方实施更多的统一的经济政策和社会政策，如财政政策、货币政策、产业政策、区域发展政策等。欧洲联盟就属于此类经济一体化组织。

六、完全经济一体化

完全经济一体化（Complete Economic Integration，CEI）是经济一体化的最高级组织形式，区域内各成员方在经济联盟的基础上，全面实行统一的经济和社会政策，使各成员方在经济上形成单一的经济实体，而该经济实体的超国家机构拥有全部的经济政策制定和管辖权。目前世界上尚无此类经济一体化组织，只有欧盟在为实行这一目标而努力。

为了全面了解区域经济一体化形式特征，相关部门绘制了一览表（见表6-1）。

表6-1　区域经济一体化形式特征一览表

	优惠贸易安排	自由贸易区	关税同盟	共同市场	经济同盟	完全经济一体化
关税减让	是	是	是	是	是	是
货物自由贸易	否	是	是	是	是	是
统一对外关税	否	否	是	是	是	是
生产要素自由流动	否	否	否	是	是	是
统一国家经济政策	否	否	否	否	是	是
统一协调社会与政治政策	否	否	否	否	否	是

"一带一路"倡议与区域贸易协定（RTA）的合作方式不同。RTA需要通过多轮艰难的自由贸易协定谈判，以消除关税壁垒和非关税壁垒为目标，形成双方或多方接受的规则，从而扩大市场准入范围，促进国际贸易增长。加入"一带一路"则不需要进行繁杂的自由贸易协定谈判，只需签署合作备忘录，就能通过政策沟通、资金支持、加强基础设施等形式开展务实合作，极大地拓展了各经济体的合作空间，进而推进"一带一路"经济繁荣、协调发展。这是区域贸易协定合作模式无法比拟的优势。

整体而言，区域贸易协定不会引起域外国家的贸易转移效应，而是产生增加域内国家间贸易的纯贸易创造效应。当以扩大会员国或使之不重叠的方式持续发展区域贸易协定时，将会对世界性的自由贸易做出贡献；相反，如果一个国家重复签订区域贸易协定，或者多数会员国一同签订区域贸易协定，将成为阻碍自由贸易的绊脚石。

第四节 跨国公司作用增强

《跨国公司行为守则》（United Nations Code of Conduct on Transnational Corporations）对跨国公司做了如下定义："本守则中使用的跨国公司一词系指在两国或更多国家之间组成的公营、私营或混合所有制的企业实体，不论此等实体的法律形式和活动领域如何，该企业在一个决策体系下运营，通过一个或一个以上的决策中心使企业内部协调一致的政策和共同的战略得以实现；该企业中各个实体通过所有权或其他实体的活动施行有效的影响，特别是与别的实体分享知识、资源和责任。"

跨国公司按经营项目可分为：资源开发型跨国公司、加工制造型跨国公司和服务提供型跨国公司。按经营结构可分为：横向型跨国公司、垂直型跨国公司和混合型跨国公司。按决策行为可分为：民族中心型公司、多元中心型公司和全球中心型公司。

虽然分类不同，但各种跨国公司有着共同的特点：有一个国家实力雄厚的大型公司作为主体，有一个完整的决策体系和最高的决策中心，从全球战略出发安排自己的经营活动，有强大的经济和技术实力，有快速的信息传递，以及有资金快速跨国转移等方面的优势，对某些产品或在某些地区，都带有不同程度的垄断性。正因为跨国公司的上述特点，跨国公司控制了许多资本、制成品和原料贸易、国际技术贸易等。据统计，大型跨国公司垄断了工业发达国家生产技术的90%，国际技术贸易的75%，而其中70% 80%属于内部贸易。开展了国际直接投资、当地采购和零部件分包安排、公司内部贸易等活动，至1992年底，全球海外直接投资额累计2兆美元，促进了国际贸易的发展。1992年全球跨国公司海外销售额总计5.5万亿美元，不仅通过外部市场促进了贸易的自由化，还通过内部市场促进了贸易自由化。1993年，全球跨国公司3.7万家，其海外附属公司总计17万家，扩大了国际贸易量，改变了国际贸易结构，推动了国际贸易发展，促进了世界经济的增长。

21世纪以来，跨国公司已经控制了世界工业生产总值的40% 50%，国际贸易的60% 70%，对外直接投资的90%和技术转让的90%。跨国公司成为促进全球的商品生产与流通的重要力量。当前，国际贸易三分天下，即三分之一是在跨国公司内部进行的，三分之一是在跨国公司之间进行的，三分之一是在国家之间进行的。也就是说，与跨国公司有关的贸易已占世界贸易的三分之二之多。据不完全统计，目前世界上500家最大的跨国公司已经控制了约四分之三的全球贸易。

跨国公司对国际贸易的发展也有负面影响。一方面，跨国公司资金雄厚、科技先进、综合实力强、经济规模大，且跨国公司之间的贸易占三分之一，所以，几个大的跨国公司可能形成某种协议价格，垄断某一行业，共同瓜分了汽车、飞机、芯片等市场。另一方面，跨国公司为了自身利益，通过母公司与子公司、子公司与子公司之间进行产品、技术、服务等贸易时，人为左右以高于或低于正常的市场价格进行交易，破坏了市场价格机制，影响了国际供需关系，且跨国公司内部贸易占三分之一，一定程度上削弱了自由竞争赖以存在的价格机制、供求关系，减弱了价格作为市场信号的作用，在一定程度上阻碍了国际贸易的发展。

第五节　绿色贸易行稳致远

绿色概念是随着环境问题日渐突出而产生的。绿色贸易（Green Trade）是指在贸易中预防和制止由于贸易活动而威胁人们的生存环境以及对人们的身体健康的损害，从而实现可持续发展的贸易形式。传统国际贸易只关注市场上发生的费用；绿色贸易的成本范围更加广泛，不仅包括市场上的费用，还包括市场外的环境因素。成本增加了两个主要内容：一是环境成本，二是与之相关的社会成本。

环境成本，是指由于国际贸易活动造成环境污染而使环境服务功能质量下降的代价，一般包括从资源利用，产品生产、运输、使用、回收到处理等多个环节中解决环境污染和生态破坏所需的全部费用。

社会成本，顾名思义，是指环境破坏给社会带来的成本，是伴随环境成本而产生的由社会所付出的成本。社会成本不仅仅是由个人或某个组织承担，而且是由其他人甚至全社会共同承担的成本。比如，一个造纸企业，生产需要的原材料、设备以及人工费用等为企业成本，而排出的污水给社会带来的成本就是社会成本。

20世纪80年代末以来，经济一体化、国际贸易区域化集团化通过消除贸易壁垒、推动技术创新、优化资源配置、促进国际合作等多种形式，在客观上推动了绿色贸易的发展、世界贸易的发展，形成了庞大"绿色市场"。围绕可再生能源大规模的利用，向新能源和清洁能源转型，推进绿色低碳技术研发及成果的转化应用等，特别是基础设施和产业园区集约化、循环化发展等，加快数字化、智能化、绿色化融合发展，为国际贸易带来了新的机遇，同时也为国际贸易带来新的挑战。在国际贸易过程中，一些发达国家以保护环境等为借口，以先进的科技为手段，打着绿色贸易的幌子，实施"绿色保护主义"，属于一种新的非关税壁垒形式，以提高竞争对手进入的门槛，保护自身的利益。据统计，虽然经过关税及贸易总协定（General Agreement on Tariffs and Trade，GATT）乌拉圭回合前七轮谈判，成员方非农产品的平均关税从40%下降到4.7%，成效明显，一定程度上促进了贸易的发展，但是，各种非关税壁垒措施从20世纪60年代的800余种迅速增加到80年代的2500多种，给国际贸易的发展造成很多困难。

为了保护环境和人类健康、保护动植物和生物多样性，世界各国对进出口商品制定了更严格的标准，提出了更高要求，为此采取了多种措施。发达国家主要是推行"绿色标志"制度，比如，德国的"蓝色天使"计划等。"绿色标志"又称为"生态标志"。生态标志计划一般是由政府倡导的，在社会各个领域的共同参与下制订和实施，为保证公正和效率，一般设立三个机构分工管理，公众参与各项管理，以提高计划的公开性和透明度，从而使其健康发展。"生态标志"旨在向消费者证明其产品的生产使用及处置过程全都符合环保要求，对环境无害或危害极少，同时有利于资源的再生和回收利用。其他国家的产品需要得到"绿色环境标志"才能进入相关市场，所以绿色标志又称为"绿色通行证"。绿色标志起步晚，但发展十分迅速。

关于环境保护对国际贸易的影响这个问题，GATT/WTO 最初持谨慎态度。1971年，GATT秘书处在《工业污染控制与国际贸易》报告中提出：环境保护政策将成为国际贸易的障碍，有可能导致新的保护主义形式——绿色保护主义。即以保护有限资源、环境和人民健康为名义，通过蓄意制定一系列苛求的环保标准，对来自国外的进口商品加以限制。同年11月，GATT理事会成立"环境措施与国际贸易工作组"（EMIT），从环保政策对GATT规则的执行力度、环境措施对国际贸易的影响程度、对贸易产生影响的国家环境规则的透明程度等多个方面考察环境政策对国际贸易产生的影响。1991年，举世瞩目的墨西哥向GATT诉美国金枪鱼案后，GATT/WTO的立场发生了转变。

1992年6月，联合国召开了环境与发展会议，通过了《里约环境与发展宣言》《21世纪议程》和《关于森林问题的原则声明》三项文件，迈出了解决有关环境问题的重要一步。乌拉圭回合多边贸易谈判终于在1993年底达成了一揽子协议，取得了巨大的成果，于1993年12月做出了《关于贸易与环境的决定》，要求弄清协调好贸易与环境的关系，进一步促进国际贸易发展。1994年4月举行的马拉喀什部长会议，把环境保护、稀有资源保护和可持续发展列为世界贸易组织的目标；决定在WTO建立贸易与环境委员会，明确了委员会的授权范围以及首先需要重点探讨和解决贸易与环境问题。"力争达到既保护环境又符合经济发展水平的国家的需要。"2001年底的多哈会议启动新一轮贸易谈判，包含了贸易与环境议题，并指令WTO贸易与环境委员会要特别关注环境措施对市场准入的影响、对出于保护环境而提出的生态标签要求等，减少和适当消除环境产品和服务的关税及非关税壁垒。

关于采取保护环境的贸易措施是否适用于GATT有关规则是世贸组织成立后受理的第一起贸易争端案件，对于环境问题成员方是无法回避的。WTO总部经济学家认为不能进行单纯的贸易制裁，这种做法既无效果又不公平，而且不能解决实际问题。

对于这个问题，WTO内部的发达国家提出了相关意见和建议，认为贸易与环境委员会关注面不广泛，过于狭窄，贸易、发展、环境没有有机地结合在一起形成一个体系，对于有关贸易实践中产生的环境问题没有提出建议和具体可行措施。欧盟为了争取在WTO中获得采取特殊贸易措施的权力，坚持要求在WTO中建立"绿色之窗"和对WTO规则以及贸易与环境委员会机构进行改革。

世界自然保护基金组织、国际自然保护联盟等一些非政府组织，建立了贸易、环境、可持续发展工作组，成立了贸易与可持续发展中心。有针对性地从事国际贸易与环境间关系的研究，对推动影响WTO的谈判议程也发挥了一些作用。

虽然身处逆风，但围绕绿色发展的国际合作依然坚挺。2023年1月11日，中国气候变化事务特使解振华同美国总统气候问题特使克里举行视频会谈，双方围绕落实中美元首巴厘岛会晤共识，合作推动全球气候多边进程等议题交换了意见。双方一致同意后续将进一步保持沟通，共同应对气候变化挑战。

2023年世界经济论坛年会（达沃斯论坛）期间，当地时间1月19日，来自不同地区的50多名贸易部长发起了"贸易部长气候联盟"，首届部长会议在达沃斯论坛期间举行。据介绍，该联盟旨在推动贸易部长们在全球应对气候变化方面的合作，包括在国内和国际上与气候、环境、金融等领域的其他部长们进行接触。

第六节　国际贸易保护主义加剧

国际贸易可能会持续增长，企业将采用数字技术、区域贸易协定和可持续实践。然而，仍有风险需要考虑，包括地缘政治紧张局势和贸易争端可能导致贸易壁垒和限制增加。这可能会损害全球贸易和经济增长，扰乱全球贸易格局。

2023年发布的《全球风险报告》认为，2020年以来，全球地缘政治格局正在发生显著变化，地缘政治碎片化将推动地缘经济战并增加多领域冲突的风险。比如，相关国家采取各种政策，限制或者禁止进口商品，或者提高进口商品的关税，以保护本国工业和农业部门，即国际贸易保护主义。在地缘政治碎片化的趋势下，国际贸易保护主义呈现出加剧的趋势，从而导致全球经济贸易关系的不稳定和动荡。随着国际贸易关系变得更加复杂和紧张，一些国家还会采取包括对进口商品征收更高的关税、非关税壁垒和限制外国投资等更多的保护主义措施。这些措施又进一步对全球经济贸易关系造成不良影响，更使国家之间的关系紧张和复杂，增加全球治理的难度。

2018年以来，国际贸易保护主义有愈演愈烈的趋势，尤其发达国家推崇和支持的全球化，在其自身的贸易保护下，愈发艰难。特朗普执政时期，美国采取了一系列贸易保护主义政策，包括对中国实行高额关税，对钢铝进口征收25%的关税。欧盟也采取了一些贸易保护主义政策，比如对钢铝、太阳能电池板、进口轮胎等征收高额关税，限制外国公司在欧盟内的投资等。这些政策都对全球经济贸易关系造成了不利影响，导致了全球贸易关系的紧张和不稳定。国际货币基金组织（International Monetary Fund，IMF）分析认为，若贸易碎片化形势严峻，可能会导致全球经济产出萎缩7%。

在2023年世界经济论坛年会（达沃斯论坛）上，世界贸易组织总干事恩戈齐·奥孔乔—伊维拉（Ngozi Okonjo-Iweala）强调："如果我们想要（经济）复苏，那我们就需要贸易。"

近年来开始产生的逆全球化，对国际贸易和各个国家的经济发展产生了影响。但不管如何逆转，也不可能回到全球化之前的孤立状态。虽然当前的全球化出现了一些问题，但并不是说全球化就不会再继续了。相反，发展中国家尤其中国和印度等新兴经济体的全球化，仍然处于早期阶段，呈现出巨大的动力。同时，不断的专业化分工和市场交换为现代产业发展提供了根本动力，互联网和金融资本的发展也为全球化提供新的动力。虽然目前遭遇一些挫折，但全球化是不可逆转的历史趋势。让我们携手共进，开启一个让企业发展、消费者受益、国家繁荣的全球化新时代。

参考文献

［1］郑旭萍，吴月凌，田宁.与领导干部谈数字经济［M］.北京：中共中央党校出版社，2022.

［2］拉尔夫·戈莫里，威廉·鲍莫尔.全球贸易和国家利益冲突［M］.文爽，乔羽，译.北京：中信出版社，2018.

［3］托马斯·普格尔.国际贸易［M］.沈艳枝，译.北京：中国人民大学出版社，2021.

［4］陆菁，顾国达.中国对外贸易［M］.北京：北京大学出版社，2022.

［5］保罗·沃尔克，行天丰雄.时运变迁：世界货币、美国地位与人民币的未来：修订版［M］.北京：中信出版社，2018.

［6］李怀政.绿色贸易［M］.北京：中国环境出版社，2017.

［7］岳云霞.中国对外贸易70年：量质并进［J］.中国经济学人,2019,14（4）40—65.

［8］苏庆义.中国对外贸易20年来的发展历程、特点及前景［J］.中国外汇，2021，（23）.

［9］张建平，李林泽.“一带一路”：推动区域协调发展的中国贡献［J］.可持续发展经济导刊，2021（Z2）:90—93.

［10］李丽平，张彬，赵嘉，等.绿色贸易概念和内涵初探［N］.中国环境报，2022-03-11.

［11］马歇尔.经济学原理［M］.刘生龙，译.北京：中国社科出版社，2007.

［12］林发勤.你应该知道的国际贸易［M］.北京：机械工业出版社，2021.

［13］张肃.国际贸易实务［M］.北京：北京大学出版社，2022.

［14］张宗英，张泳.国际贸易基础：第2版［M］.北京：中国人民大学出版社，2022.

［15］姜文学主编.王绍媛副主编.国际贸易：第3版［M］.大连：东北财经大学出版社，2017.

［16］唐海燕，毕玉江.国际贸易学：第2版［M］.上海：立信会计出版社，2017.

［17］赵涛，刘挥.世界贸易战简史［M］.北京：华文出版社，2019.

［18］丽贝卡·哈丁，杰克·哈丁.大国贸易博弈：数字时代的双赢战略［M］.于冬梅，译.北京：当代世界出版社，2021.

［19］卡蒂·索米宁.世界贸易大变革［M］.伍拾一，译.北京：中信出版集团股份公司，2021.

［20］韩青，高先民，张凯华.贸易战争［M］.成都：四川出版集团出版社，2011.